REPARTIÇÃO DA RENDA

Pobres e ricos sob o regime militar

BRASIL OS ANOS DE AUTORITARISMO

análise · balanço · perspectivas

Consultores: EDSON DE OLIVEIRA NUNES, *cientista social (Iuperj)*
LINCOLN PENNA, *professor de história (UFRJ)*
MATINAS SUZUKI, *jornalista (Folha de S. Paulo)*

Coordenadora editorial: ANA CRISTINA ZAHAR

Os Despossuídos: Crescimento e Pobreza no País do Milagre, *Sérgio Abranches*
Televisão & Vídeo, *Fernando Barbosa Lima, Gabriel Priolli e Arlindo Machado*
A Militarização da Sociedade, *Clóvis Brigagão*
A Igreja e o Autoritarismo, *Marcos de Castro* (Prefácio de Frei Betto)
O Golpe na Educação, *Luiz Antônio Cunha e Moacyr de Góes*
Nova República?, *Florestan Fernandes*
O Brasil no Mundo, *Paulo Francis*
A Imprensa nos Anos de Autoritarismo, *Jânio de Freitas (organizador)*
A Política Científica e Tecnológica, *E. A. Guimarães, F. Erber e J. Tavares*
Sociedade e Política, *Hélio Jaguaribe*
O Teatro sob Pressão: Uma Frente de Resistência, *Yan Michalski*
A Reconquista da Terra, *Carlos Minc*
Justiça e Autoritarismo, *F. A. de Miranda Rosa*
Ciência e Universidade, *Cláudio Moura Castro*
A Política Nuclear e o Caminho das Armas Atômicas, *Luiz Pinguelli Rosa*
Economia: Milagre e Anti-Milagre, *Ignacio Rangel*
O Humor, *Cora Rónai entrevista Millor Fernandes*
Carnaval: Da Redentora à Praça do Apocalipse, *Roberto M. Moura*
A Questão Urbana, *Benício Schmidt e Ricardo Farret*
Repartição da Renda, *Paul Singer*
Literatura e Vida Literária, *Flora Sussekind*
A Música, *Matinas Suzuki (organizador)*
O Grande Salto para o Caos, *Maria da Conceição Tavares e J. Carlos de Assis*
A Deformação da História em um Regime Autoritário, *J.L. Werneck da Silva*
O Desafio do Cinema, *Ismail Xavier, Jean-Claude Bernardet e Miguel Pereira*

Paul Singer

Repartição da Renda

Pobres e ricos sob o regime militar

Jorge Zahar Editor
Rio de Janeiro

1986
Direitos para esta edição contratados com
Jorge Zahar Editor Ltda.
rua México 31 sobreloja
20031 Rio de Janeiro, RJ

Produção *Revisão:* Carlos Alberto Medeiros (copy); Lúcia Mousinho, Robson Ramos, Renato Carvalho (tip.); *Projeto e produção gráfica:* Ana Cristina Zahar; *Capa:* Valéria Naslausky; *Arte-final:* José Geraldo de Lacerda; *Composição:* Terezinha Lösch; *Impressão:* Ed. Vozes Ltda.

CIP-Brasil. Catalogação-na-fonte.
Sindicato Nacional dos Editores de Livros, RJ

Singer, Paul, 1932 –
S624r Repartição da renda: pobres e ricos sob o regime militar / Paul Singer. – Rio de Janeiro: Jorge Zahar Ed., 1986

(coleção Brasil: os anos de autoritarismo)

Bibliografia.

1. Renda, Distribuição – Brasil. 2. Pobreza – Brasil. 3. Riqueza – Brasil. 4. Classes sociais – Brasil. I. Título. II. Série

85-1044 CDD – 339.20981
CDU – 339.87(81)

ISBN: 85-85061-40-5

Sumário

Sumário

I. O que Queremos Saber

O Brasil é o país dos contrastes entre riqueza de recursos e pobreza do povo e entre a opulência de uma elite e a miséria da maioria. Vivemos cercados de sinais evidentes de prosperidade, exibidos pelos carros novos nas ruas e pelos anúncios refinados de bens de ostentação; e pelo testemunho eloqüente da miséria, dado pela proliferação de pedintes, mascates, trombadinhas, prostitutas que nos circundam nas calçadas, cruzamentos e praças.

Agora que o país emerge de um longo período de autoritarismo, queremos saber o que mudou a respeito disso. Queremos saber *quem* são os ricos e os pobres, pois sua identificação social é a chave para decifrar os mecanismos que presidem a repartição da riqueza social. Queremos saber se, ao longo da existência do regime militar, as formas de adquirir riqueza se alteraram e se os processos de exclusão da riqueza – pois os pobres são permanentemente expropriados dos frutos da produção social – ficaram os mesmos. É óbvio que nestes 21 anos a sociedade brasileira mudou em muitos aspectos. Queremos saber se mudou também o sistema de distribuição da renda. Trata-se do caráter *qualitativo* da repartição, que nos permitirá entender sua evolução *quantitativa.* Não nos deteremos aqui na análise teórica daquele sistema, mas observaremos o que os dados estatísticos nos revelam a respeito. A preocupação, neste trabalho, é com a renda pessoal. Deixaremos de lado a apropriação da renda pelas empresas, entidades governamentais e outros entes coletivos. Interessa-nos aqui a repartição da riqueza entre os brasileiros de carne e osso, que a linguagem jurídica denomina "pessoas físicas" e a econômica, "consumidores finais". Mesmo porque a finalidade ostensiva da atividade econômica é precisamente proporcionar aos indivíduos meios de satisfazer suas necessidades e anseios.

Depois, queremos saber se a distância entre ricos e pobres aumentou ou diminuiu. É o caráter *quantitativo* da repartição. Ele comporta duas dimensões: a relativa e a absoluta. A dimensão *relativa* capta a parcela da renda total apropriada por determinados segmentos da sociedade: pelos 50% mais pobres, pelos 10% mais ricos, etc. Ela mede aquela distância pela *desigualdade* entre segmentos determinados por critérios matemáticos. Ordenamos idealmente todos os brasileiros pelo tamanho de sua renda e depois dividimos essa fila de 130 milhões (aliás, de 51.862.194 pessoas de dez anos ou mais que, em 1983, dispunham de renda) em dez partes iguais, que chamamos de "decis", e verificamos que parcela da renda de todos vai para cada um desses decis, do mais rico ao mais pobre. Ao fazer isso, temos uma idéia de quantas vezes os decis de cima são mais ricos do que os de baixo e, comparando esses decis no tempo, podemos verificar se o grau de desigualdade cresceu ou decresceu. Vista desse ângulo, a repartição mostra o grau de justiça com que a riqueza é distribuída entre a população, estando implícitas as idéias de que a renda do país é criada coletivamente pelo trabalho de todos e que é justo que todos participem dela por igual ou que o grau de desigualdade justificável é apenas o que decorre do maior ou menor esforço de cada um.

Mas a dimensão relativa não é tudo. Há também a *absoluta*, que depende do tamanho da renda a ser distribuída. Por isso, é muito diferente ser pobre num país rico ou num país pobre, em São Paulo ou no Piauí. Com o mesmo grau de desigualdade, é muito melhor estar, digamos, entre os 30% mais pobres onde a renda *per capita* é de 2,7 salários mínimos (como era em São Paulo, em 1975) do que onde é de apenas 0,3 salário mínimo (como era, no mesmo ano, no Piauí). A mesma fração da renda total *per capita* constituía em São Paulo uma quantia nove vezes maior do que no Piauí.

Isso significa que para o bem-estar do indivíduo interessa tanto o grau de desigualdade na repartição quanto o montante que é repartido. E as duas dimensões não têm que variar no mesmo sentido. Quando a economia cresce – sobretudo se se trata de uma economia capitalista, como a brasileira –, é comum que a pobreza relativa aumente, mas a absoluta diminua. É o que queremos saber se aconteceu no Brasil, entre 1964 e 1985. Queremos saber tanto a respeito da distância entre ricos e pobres, quanto a respeito de quantos brasileiros permanecem abaixo do que se pode denominar "linha de pobreza absoluta", que seria o mínimo de renda para que alguém possa satisfazer suas necessidades essenciais.

Tudo isso será examinado nas páginas seguintes. Usaremos a informação estatística existente, sem apresentar a crítica dos dados nem a metodologia do processamento adotada, a não ser quando for indispensável ao entendimento dos resultados, pois nos dirigimos ao público não-especializado, que merece uma discussão acessível, não obscurecida por controvérsias técnicas de interesse restrito. Para quem quiser saber como procedemos metodologicamente, recomendamos consultar: Paul Singer, *Dominação e desigualdade: estrutura de classes e repartição da renda no Brasil.* Rio de Janeiro, Paz e Terra, 1981.

II. Quem São os Ricos, a Classe Média e os Pobres no Brasil

Os ricos

Comecemos pelos ricos, pois sua identificação lança luz sobre as modificações sofridas pelo modo de produção, no Brasil, de cuja lógica decorre a repartição da renda. Os censos demográficos nos revelam a "posição na ocupação" das pessoas que tinham renda igual ou maior que dez salários mínimos (tomando como unidade aproximada o maior salário mínimo da época).

Em 1960, os empregadores constituíam 2,2% de toda população economicamente ativa (excluídos os sem renda), mas 36,6% do grupo com renda alta (de dez ou mais salários mínimos). Em compensação, os empregados, que representavam 56,5% da população economicamente ativa, eram somente 39% do grupo de alta renda, e os autônomos, que participavam com 41,4% na população ativa, eram apenas 24,3% do grupo de renda mais alta.

É claro que ocupar a posição de "empregador", em 1960, era uma via importante de acesso a altos níveis de renda. Os empregadores monopolizam os meios *sociais* de produção: fábricas, fazendas, supermercados, frotas de veículos, escolas e hospitais privados, etc., enquanto, em tese, os autônomos detêm meios de produção *individuais:* terra em pequenas explorações, oficinas, lojas, consultórios. Na prática, a julgar pelos seus níveis de renda, em 1960, apenas 21,2% dos autônomos possuíam realmente meios próprios de produção, sendo os restantes 78,8% parte de um "subproletariado" de trabalhadores forçados a sobreviver por conta própria pela impossibilidade de encontrar quem lhes quisesse comprar a força de trabalho ao menos pelo salário mínimo legal. Os autônomos de fato pertencentes à pequena burguesia constituíam, em 1960, cerca de 8,8% da população economicamente ativa, que, somados aos 2,2% de empregadores, constituíam 11% daquela população. Os 89% restantes eram constituídos por não-proprietários, vendedores efetivos (56,5%) ou virtuais (32,6%) de força de trabalho aos 2,2% de detentores dos meios sociais de produção. Essas cifras dão uma idéia clara do que se pretende dizer com a expressão "monopólio dos meios de produção pela classe capitalista".

Mas, na verdade, os 2,2% de empregadores não constituíam *toda* a burguesia brasileira em 1960. Eles não passavam de uma parte, de uma fraçao da classe dominante, composta pelos empresários, donos dos estabelecimentos que dirigiam. Ao seu lado já se encontrava uma outra fração da burguesia, composta pelos dirigentes das empresas de grande porte, de propriedade do Estado ou de acionistas anônimos, que não participam de sua gestão. Esses administradores profissionais, hoje conhecidos pelo anglicismo "executivos", não auferem lucros abertamente, mas de fato participam deles sob a forma de altos ordenados e de bonificações, gratificações, etc. Por isso, grande parte deles também se encontra no extrato de renda mais elevada. Daqui por diante denominaremos a fração composta pelos empregadores como "burguesia empresarial" e a fração composta pelos administradores, que são juridicamente assalariados das empresas que dirigem e por isso aparecem nas estatísticas como empregados, como "burguesia gerencial".

Isso explica a presença de empregados, na proporção de 39%, no extrato de dez ou mais salários mínimos de renda. Se examinarmos a composição desse extrato, em 1960, por ocupação, verificaremos que 36,1% são proprietários (correspondentes aos empregadores), 6,9% são administradores, 26,1% exercem funções técnicas, científicas e afins, 4,3% exercem funções burocráticas e de escritório. A maior parte dos "empregados" que recebiam, em 1960, dez ou mais salários mínimos era, sem dúvida, constituída por administradores, técnicos e burocratas, que compõem precisamente a burguesia gerencial. Mas uma pequena parte já devia ser de operários qualificados, pois 3,2% dos que se encontravam naquele extrato de renda exerciam ocupações nas indústrias de transformação e de construção e no transporte urbano e rodoviário.

Quanto aos autônomos, que constituíam 24,3% do extrato de dez ou mais salários mínimos de renda, a maior parte deveria ser formada por profissionais liberais – mais da metade dos que exerciam ocupações técnicas, científicas e afins era constituída por médicos, dentistas, magistrados e advogados – ou por pequenos comerciantes (4,1% do referido extrato exerciam ocupações no comércio e atividades auxiliares).

Em suma, o extrato de renda mais elevada, em 1960, era constituído aproximadamente por 1/3 de empresários-proprietários, outro terço de empresários-gerentes e o restante por profissionais liberais, pequenos comerciantes e uma reduzida fração de operários qualificados.

O desenvolvimento mais recente do capitalismo, no mundo inteiro e naturalmente no Brasil, também se caracteriza pela concentração do capital, ou seja, pelo crescimento mais rápido das grandes empresas (capital monopólico) do que das empresas médias e pequenas (capital concorrencial). Sendo as grandes empresas dirigidas pela burguesia gerencial e as médias e pequenas pela burguesia empresarial, esse desenvolvimento deve refletir-se na composição do extrato mais rico pelo aumento da proporção de empregados em detrimento da de empregadores. É o que de fato ocorreu no Brasil, principalmente na década de 60. Entre 1960 e 1970, a proporção de empregadores no grupo com renda de dez ou mais salários mínimos caiu de 36,6% para 20,6%, ao passo que a de empregados aumentou de 39% para 59,8%. A proporção de autônomos também caiu, de 24,3% em 1960 para 19,6% em 1970.

A composição desse extrato por ocupação confirma essa mudança da sua estrutura de classes: entre 1960 e 1970, a proporção de proprietários cai de 36,1% para 23,9%, ao passo que a de administradores sobe de 6,9% para 14,2% e a dos que tinham ocupações científicas, técnicas e afins, de 26,1% para 31,2%. Como o número de pessoas no extrato com dez ou mais salários mínimos mais que dobrou, nessa década, não cabe falar numa substituição de proprietários por administradores e tecnocratas, mas não há dúvida de que o número destes últimos aumentou muito mais do que o dos primeiros.

Entre 1970 e 1980, a composição do extrato de alta renda não sofreu mais alterações tão grandes. A proporção de empregados decresce um pouco, de 59,8% em 1970 para 56,4% em 1976, voltando a subir para 57,4% em 1980; a dos empregadores mantém-se ao redor de 20% até 1980, e a dos autônomos sobe para 22,9% em 1976, mas cai depois para 22,5% em 1980. A composição por ocupação do referido extrato lança alguma luz sobre esse movimento: entre 1970 e 1980, a proporção dos proprietários continua caindo (de 23,9% para 18,5%), o mesmo ocorrendo com a dos que exerciam ocupações técnicas, científicas e afins (de 31,2% para 28%); crescem em compensação as proporções dos administradores (de 14,9% para 17,2%), dos que exercem ocupações comerciais (de 4,2% para 10,1%) e dos que exercem ocupações nas indústrias de transformação e de construção, e no transporte urbano e rodoviário (de 2,3% para 8,5%). O que parece estar acontecendo é que o grupo de renda mais elevada, no Brasil, continua predominantemente composto por dirigentes de grandes empresas, a proporção da burguesia empresarial mantendo-se ao redor de 1/5, ao passo que crescem as proporções dos pequenos comerciantes e dos operários qualificados. A queda da parcela dos autônomos nos últimos anos deve explicar-se pela transformação de um crescente número de profissionais liberais independentes em assalariados, na medida em que cada vez mais médicos, dentistas, engenheiros, advogados, etc. deixam de encontrar condições de exercer suas ocupações por conta própria e se vêem obrigados a procurar emprego em companhias de medicina de grupo, empresas industriais, comerciais ou financeiras, ou no serviço público.

Verifica-se que, durante a vigência do regime militar, o acesso a rendas elevadas mudou no Brasil, sobretudo na década de 60, marcada por um longo período de recessões (1962-67), durante o qual, como sempre ocorre, o capital *centralizou-se*, ou seja, muitas empresas pequenas e médias quebraram e seu lugar no mercado foi ocupado por grandes empresas. Na recessão, as vendas caem, a concorrência se acirra e as empresas de menor fôlego financeiro desaparecem, por abrirem falência ou por serem absorvidas por outras, de maior porte. Nessas condições, a proporção de empregadores no extrato mais rico deve declinar, e a dos "executivos" deve crescer, o que efetivamente ocorreu, como vimos.

De 1968 em diante, a conjuntura econômica se inverteu e o Brasil entrou no período do "milagre econômico", cujo declínio só se verifica entre 1974 e 1976. Nesses seis a nove anos, a economia se expandiu com vigor incomum, o que deve ter propiciado o surgimento e a multiplicação das pequenas e médias empresas. Em períodos de grande prosperidade, como esse, o capital se concentra mas não se centraliza, isto é, as empresas de capital monopólico aumentam em tamanho e as pequenas e médias empresas (de capital concorrencial) aumentam em número. O que provavelmente explica por que, entre 1970 e 1976, o tamanho do extrato de dez ou mais salários mínimos quase sextuplica (passa de 295.688 para 1.702.958 pessoas), mas não muda significativamente de composição.

De 1976 a 1980, a economia brasileira passa a apresentar contradições cada vez maiores, que se refletem em inflação crescente e desequilíbrio também crescente no balanço de pagamentos em conta corrente. Mas nesse período, graças ao endividamento externo em expansão (que, aliás, já vem de vários anos antes), a economia brasileira ainda apresenta crescimento razoável, embora menor do que no período anterior, do "milagre econômico". A julgar pela composição do extrato mais rico, que também, nesse período, não apresenta mudanças significativas, a relação entre capital monopólico e concorrencial não se alterou de modo notável. O que deve ter ocorrido, a partir sobretudo de 1978, é a ascensão de uma parcela da classe operária, graças à reconquista do direito de greve e à retomada conseqüente da barganha coletiva de salários e condições de trabalho. É o que explica, em parte, o crescimento da minoria operária no extrato de renda mais elevada, que se verifica, como vimos, entre 1970 e 1980 (embora entre 1970 e 1976 ela já tenha crescido bastante, possivelmente por efeito do grande crescimento da economia como um todo nesse período).

A partir de 1981, a economia brasileira volta a cair em recessão, e de modo mais profundo que na década dos 60. Os dados disponíveis, das PNADs (Pesquisas Nacionais por Amostra de Domicílios), não permitem avaliar adequadamente os efeitos dessa nova mudança de conjuntura sobre a composição do extrato de dez ou mais salários mínimos de renda, sobretudo porque não apresentam sua composição ocupacional nem por ramo de atividade. Além disso, os dados dos Censos Demográficos e das PNADs, no que se refere à posição na ocupação, não parecem consistentes: aparentemente, pessoas que o Censo considera "autônomos" são registradas pela PNAD como "empregadores". Mas, comparando-se os resultados das PNADs dos últimos anos (entre 1979 e 1983), é clara a queda da proporção dos empregadores (de 24,9% para 22%) no extrato de dez ou mais salários mínimos, com elevação correspondente dos empregados (de 60% para 62,4%), mantendo-se a dos autônomos ao redor do mesmo nível. Volta, portanto, a ocorrer centralização do capital, em função da crise que assola a economia brasileira a partir de 1981.

Em resumo, durante as duas últimas décadas, a composição da camada de altas rendas mudou consideravelmente: o capitalista-empresário, dono e administrador do seu negócio, deixou de predominar nela, embora sua presença continue significativa; em seu lugar, surge o capitalista-gerente, administrador do grande capital monopólico, na maioria das vezes multinacional ou estatal. Embora não haja dados diretos a respeito, é de se presumir que, dentro dessa "nova classe" de burgueses assalariados, esteja crescendo o peso dos administradores do capital financeiro, já que a intermediação financeira tem se expandido mais do que os ramos propriamente produtivos da economia brasileira (trabalhava naquele ramo 1,2% da população economicamente ativa em 1970 e 1,9% em 1980; do extrato de dez ou mais salários mínimos de renda, trabalhavam em "outras atividades" – predominantemente financeiras – 9,3% dos componentes em 1980 e 10,9% em 1983).

A "classe média"

"Classe média" é um conceito vago, que se refere à parcela da sociedade com renda suficiente para ter acesso às formas mais modernas e sofisticadas de consumo. Na verdade, seus componentes se confundem, nesse aspecto, com a camada mais rica, embora se suponha que haja acima da classe média uma "classe alta", formada pelos reais detentores do poder econômico. Neste ensaio, consideraremos o extrato de cinco a dez salários mínimos como representativo da classe média.

Em 1960, esse extrato era formado por 56,4% de empregados, 23,9% de autônomos e 19,7% de empregadores. Cerca de metade dele era composta por membros da burguesia empresarial (proprietários: 23%) e da burguesia gerencial (administradores: 5%; tecnocratas: 17,3%). A outra metade era constituída por membros da pequena burguesia (profissionais liberais, pequenos comerciantes) e por trabalhadores qualificados, principalmente de escritório (12,8%), mas também da indústria (6,3%) e do transporte urbano e rodoviário (2,5%). Esses dados indicam que, em 1960, as três classes fundamentais – burguesia, pequena burguesia e proletariado – estavam representadas na "classe média", com significativa predominância da primeira.

Nos anos 60, a composição da "classe média" mudou: em 1970, tinham caído as proporções dos empregadores (para 12,1%) e dos autônomos (para 20,4%), com o conseqüente aumento da de empregados (para 67,4%). Do ponto de vista da ocupação exercida, em 1970 diminuiu a participação dos proprietários (para 17,8%), substituídos pelos administradores (11,8%) e pelos que exerciam ocupações científicas, técnicas, etc. (19,4%). A burguesia continuava sendo cerca de metade da "classe média", mas dentro dela a fração gerencial passou a superar a fração empresarial. A outra metade continuava composta por pequeno-burgueses (autônomos) e operários, em proporções mais ou menos semelhantes. Verifica-se, portanto, que, entre 1960 e 1970, o extrato de cinco a dez salários mínimos de renda sofreu uma transformação semelhante ao extrato de dez ou mais salários mínimos: substituição da burguesia empresarial pela gerencial. Só que, no caso da classe média, essa substituição se deu em termos não apenas proporcionais, mas também absolutos, pois, enquanto o número de empregadores diminuiu, o de administradores quase triplicou.

A partir de 1970, a "classe média" passa a sofrer duas transformações; em termos de classes sociais, cai a participação da burguesia e aumenta a do proletariado, e, dentro do componente burguês, cai a proporção de empregadores e sobe a de gerentes e tecnocratas. Em termos de posição na ocupação, a proporção de empregadores cai de 12,1% em 1970 para 10,8% em 1976 e para 9,4% em 1980. A mesma tendência se verifica para o período mais recente, comparando-se os resultados das PNADs: 15% em 1979 e 12,8% em 1983. A proporção de autônomos oscila: aumenta de 20,4% em 1970 para 28,3% em 1976 (provavelmente em função do grande crescimento durante o período do "milagre econômico"), caindo depois para 24,2% em 1980; mais recentemente, ela apresenta um pequeno crescimento, de 21,4% em 1979 para 23% em 1983. Pode-se dizer que, ao longo do período todo (1960-1983), a participação dos autônomos no extrato de cinco a dez salários mínimos varia entre 1/4 e 1/5.

O mais notável, no entanto, é o aumento da participação do proletariado na "classe média" brasileira, de 1970 em diante. A proporção de empregados oscila entre 60,9% e 67,4%, mas dentro dela a proporção de administradores em geral não passa de 1/6 (11,8% em 1970 e 10,7% em 1980), aumentando, entre 1970 e 1980, a proporção dos que têm ocupações industriais (de 5,1% para 16%) e no transporte urbano e rodoviário (de 2,3% para 4,7%), caindo um pouco os que exercem funções burocráticas ou de escritório (de 12,4% para 10,5%). É o que tem sido chamado de "proletarização da classe média". Convém notar que o extrato de cinco a dez salários mínimos, depois de crescer apenas 11,4% entre 1960 e 1970, mais que quintuplica entre 1970 e 1983. O que houve, portanto, foi uma ascensão de uma parcela da classe operária a níveis de renda que lhe dão acesso ao consumo "burguês", caracterizado sobretudo pelos bens duráveis: automóvel, TV a cores, motocicleta, etc. Note-se por exemplo que o número de operários industriais no referido extrato sobe de 38.402 em 1970 para 413.427 em 1980.

A expansão da "classe média" constitui o resultado mais evidente do desenvolvimento econômico ocorrido durante a vigência do regime militar. Sendo esse desenvolvimento dominado pela expansão do capital monopólico, a "classe média" não só cresce – constituindo um mercado extremamente dinâmico para a indústria de bens duráveis –, mas muda de caráter social. Composta, durante a primeira metade do período, meio a meio por membros da classe dominante e das classes dominadas, na segunda metade a participação da burguesia deve ter se reduzido a 1/4, permanecendo a da pequena burguesia entre 1/4 e 1/5, a do proletariado aumentando para cerca da metade. Portanto, a "classe média" brasileira, à qual se atribui peso predominante na formação da opinião pública, está crescentemente formada por pessoas que ganham a vida mediante a venda de sua força de trabalho, sem ocupar posições de chefia na hierarquia empresarial.

Os pobres

Voltemo-nos agora para os excluídos do acesso normal à renda, aqueles que constituem a camada mais mal paga do exército industrial ativo e o exército industrial de reserva. Trata-se de pessoas que ocupam posições marginalizadas no processo de produção social, seja pela pouca qualificação no trabalho que requerem, seja pela sua precariedade.

Examinemos inicialmente o extrato com um a dois salários mínimos de renda.

Em 1960, 2/3 (66,6%) desse extrato eram constituídos por empregados, quase 1/3 (31%) por autônomos e uma parcela insignificante (2,3%) por empregadores. A presença de burgueses (empregadores) e pequeno-burgueses (autônomos) num extrato de baixa renda surpreende. Na verdade, 66,1% dos empregadores e 50,2% dos autônomos, nesse extrato, estavam na agropecuária, onde a persistência da produção para o autoconsumo limita a renda e o gasto monetários. Via de regra, o homem do campo não tem os gastos com habitação e transporte que, para o homem da cidade, são inevitáveis. Além disso, ele tende a produzir parte da sua alimentação e dos seus instrumentos e animais de trabalho. Por tudo isso, não só os salários, mas também os lucros e o ganho do trabalho autônomo, tendem a ser mais baixos no campo do que na cidade. O que explica a presença de um pequeno número de empregadores e de um número bem mais avultado de autônomos no extrato com um a dois salários mínimos de renda.

Mas, o componente maior desse extrato era o dos empregados, dos quais a grande maioria (94,9%), em 1960, estava ocupada em atividades não-agrícolas. Tratava-se do típico proletariado urbano, presumivelmente pouco qualificado. É o que revela a composição ocupacional do referido extrato, de cujos componentes 20% tinham ocupações agrícolas, 18,5% ocupações na indústria de transformação, 7,3% ocupações na construção civil, 6% ocupações no transporte urbano e rodoviário, 5,9% ocupações comerciais, etc.

O extrato com um a dois salários mínimos de renda, em 1960, estava, ao que tudo indica, formado por duas classes sociais bem distintas: por 1/5 de camponeses, que, na verdade, eram até relativamente prósperos, pois a grande maioria dos que trabalhavam então na agricultura tinha renda menor que um salário mínimo (convém notar que, em 1960, o salário mínimo brasileiro estava no auge de seu valor real); e por cerca de 4/5 de trabalhadores urbanos, dos quais a grande maioria (63,2%) era de assalariados, provavelmente empregados em empresas de porte médio e grande, que registravam seus trabalhadores. É o que indica o pagamento de um a dois salários mínimos, pois a principal razão para não registrar os empregados era deixar de lhes pagar o mínimo legal.

De 1960 em diante, o componente camponês desse extrato diminui, aumentando o proletário. Em 1970, a proporção de empregadores tinha caído para 1,5% e a de autônomos, para 26%, aumentando a de empregados para 72,5%. Na década de 70, essa tendência prossegue e, no fim dela, o extrato com um a dois salários mínimos de renda contava somente com 0,7% de empregadores e 22,2% de autônomos, tendo o percentual de empregados aumentado para 77%.

Essa tendência se explica em parte pelo êxodo rural e, portanto, pela queda da parcela do campesinato na população economicamente ativa do país.

Mas, por outro lado, ela decorre do processo de proletarização dos pobres que trabalham, inclusive na agricultura. A proporção dos que exerciam ocupações agrícolas, nesse extrato, cai de 20% em 1960 para 12,7% em 1970, mas volta a atingir 20,8% em 1980. Só que, no início do período, quase todos os que tinham tais ocupações eram autônomos, isto é, camponeses (donos de explorações agrícolas familiares), ao passo que, no fim do período, cerca da metade deles era constituída por empregados. Em 1980, o extrato com um a dois salários mínimos de renda era formado por cerca de 1/10 de camponeses, outro 1/10 de autônomos urbanos e 8/10 de proletários. Naquele ano, tinham aumentado as proporções dos que tinham ocupações na construção civil (para 10,6%) e no comércio (para 7,9%), mantendo-se praticamente no mesmo nível a dos que estavam ocupados na indústria de transformação (18,6%).

Dessa forma, esse extrato se caracteriza cada vez mais como a camada mais mal paga do exército industrial ativo, sobretudo urbano, mas com uma parcela também significativa do agrícola. A existência desse extrato desmente a crença, muito comum, de que a pobreza decorre principalmente do "subemprego" ou do "desemprego", isto é, da marginalização de uma parte da população do processo de produção social, que, no caso do Brasil de hoje, é dominado por empresas capitalistas. O contínuo aviltamento do salário mínimo legal, durante toda a existência do regime militar, permitiu às empresas remunerar sua mão-de-obra em níveis muito baixos, pauperizando-a, portanto. Resultou daí que o desenvolvimento capitalista da economia brasileira produziu um vasto proletariado, que se estende por todas as faixas de renda, das mais altas (como vimos antes) até a média e a mais baixa, exceto a última, com renda inferior ao salário mínimo, onde se deve encontrar a parcela realmente marginalizada, ou seja, o exército industrial de reserva.

Examinemos, pois, o extrato com renda inferior ao salário mínimo. Em 1960, esse extrato era composto por 53% de empregados, 46,4% de autônomos e uma parcela mínima de empregadores (0,6%). Mais de 3/4 dos autônomos e 40,2% dos empregados estavam na agricultura, onde o salário mínimo na época não vigorava. Tratava-se de um numeroso subproletariado, do qual mais da metade estava no campo, possivelmente muitos vivendo em economia de subsistência. A parcela urbana estava repartida, do ponto de vista da ocupação, em numerosas atividades: indústria de transformação (10,3%), serviços domésticos e de alimentação (7%), construção civil (3,4%), comércio (3,2%), outras e mal definidas – reduto clássico da pobreza – (5,4%), etc.

No subproletariado, a posição na ocupação não tem a mesma importância que nos extratos de renda mais elevada, pois se pode presumir que os autônomos que não chegam a ganhar um salário mínimo não são propriamente pequeno-burgueses – isto é, detentores de meios individuais de produção –, mas proletários que não encontram quem lhes compre a força de trabalho pelo piso legal e por isso sobrevivem vendendo diretamente seus serviços ou o produto de um trabalho sub-remunerado. São os trabalhadores a domicílio, os peões da construção civil, vendedores de rua, carregadores, etc. Da mesma forma, os "empregados" no extrato com menos de um salário mínimo de renda devem estar principalmente nas empresas de fundo de quintal, que não lhes asseguram os direitos trabalhistas, ou então no serviço doméstico (onde o salário mínimo tampouco vigora).

Nesse extrato, mais importante que a posição na ocupação é o setor de atividade. O fato de que mais da metade dele estava na agricultura, em 1960, corresponde ao tradicional atraso rural, onde a quase ausência de renda monetária é mais compreensível e mais suportável. Mas o que ocorre a partir de 1960 é a progressiva *urbanização* do extrato com menos de um salário mínimo de renda. A proporção engajada em atividades não-agrícolas passa de 43% em 1960 para 47,3% em 1970 e para 54,1% em 1980.

Para analisar essa tendência, convém notar que a parcela de autônomos, cuja maioria é formada por camponeses, vai diminuindo também nesse extrato, sobretudo após 1970. O que deve ser conseqüência tanto do aumento da renda de uma parte do campesinato, que ascende assim a extratos mais elevados, quanto da emigração de outra parte do mesmo campesinato à cidade. Obviamente, a fuga à miséria rural deve contribuir para o inchaço da miséria urbana. Mas resguardemo-nos do simplismo, tão corrente, que atribui a multiplicação do número de pobres nas cidades ao êxodo rural. Na verdade, boa parte dos imigrantes consegue entrar em faixas mais altas de renda, ao passo que uma significativa parcela dos pobres urbanos se origina na própria economia da cidade, que possui mecanismos de reprodução da pobreza. Basta lembrar o avultado número de menores abandonados e as numerosas atividades sub-remuneradas que vicejam no mundo urbano brasileiro.

A composição ocupacional do extrato de menos de um salário mínimo de renda revela os principais refúgios da miséria urbana. Entre 1960 e 1980, aumenta nesse extrato a proporção dos que prestam serviços domésticos e de alimentação (de 7,0% para 15,7%), dos que têm ocupações no comércio (de 3,2% para 6%) e dos que estão ocupados na construção civil (de 3,4% para 4,6%), ao passo que a proporção dos que têm ocupações na indústria de transformação se mantém no mesmo nível, pouco acima de 10%. Mas não se deve atribuir grande importância a essa repartição ocupacional, pois estudos têm revelado que os subproletários, dada a precariedade de seus vínculos no trabalho, apresentam enorme mobilidade ocupacional. É comum que o mesmo trabalhador esteja em determinado momento numa obra e poucas semanas ou meses depois esteja colhendo laranjas como "bóia-fria", para voltar em curto intervalo a uma outra atividade urbana, como faxineiro de um prédio, limpador de carros ou vendedor ambulante.

Essa imensa mobilidade, no espaço geográfico e na divisão social do trabalho, atesta o caráter de exército industrial de *reserva* do subproletariado. Trata-se de uma ampla massa de trabalhadores que se encontra potencialmente à disposição do capital, o qual, mediante o mero desembolso de um salário mínimo, pode a qualquer momento mobilizá-la, engajando-a onde quer que necessite de mão-de-obra pouco qualificada. Mas, se o subproletariado não passa de uma reserva estratégica de mão-de-obra para o capital, ele é para si mesmo parte integrante da sociedade brasileira, da qual demanda debalde justiça, isto é, acesso a uma renda que lhe permita reproduzir, dentro dos padrões de normalidade, sua força de trabalho. A persistência de um extrato com renda inferior ao salário mínimo demonstra que nosso capitalismo, apesar de toda a acumulação havida durante o regime militar, sequer consegue aproveitar plenamente os recursos humanos que o atraso histórico do país lhe oferece em grande abundância e a custo irrisório.

III. Quantos São os Ricos e os Pobres no Brasil

Renda individual e familiar

A riqueza e a pobreza das *pessoas* são medidas pelo seu consumo, mais do que por suas posses, mesmo porque os dois andam juntos: quem muito tem gasta muito e as despesas de quem pouco ou nada possui só podem ser reduzidas. O rico sovina existe, mas, na verdade, constitui a exceção que confirma a regra.

Os diferentes níveis de consumo são resultados de diferentes níveis de renda. Por isso, a renda é um indicador muito razoável da riqueza e da pobreza das pessoas. Estamos falando de *renda em dinheiro*, embora haja também rendas não-monetárias: desde o alto executivo, que recebe da firma automóvel e combustível, além de outras mordomias (para pagar menos Imposto de Renda), até o camponês que produz os alimentos consumidos pela sua família. É muito difícil avaliar o valor e a importância das rendas não-monetárias, mas elas não chegam a distorcer completamente a correlação entre renda em dinheiro e níveis de consumo. Ninguém duvida de que uma pessoa é mais ou menos pobre (ou rica) conforme a quantidade de dinheiro que ganha, embora o grau específico de pobreza (ou riqueza) possa ser afetado pela existência de rendas *in natura*, isto é, que não são recebidas em moeda corrente.

Como o consumo se dá no âmbito doméstico, o melhor indicador de riqueza pessoal e do seu contrário – a pobreza – é a *renda familiar*, ou seja, a soma das rendas individuais dos que vivem sob o mesmo teto, ou, mais precisamente, dos que juntam suas rendas para cobrir as necessidades de todos os membros do grupo familiar, inclusive dos dependentes. A *renda individual* da população economicamente ativa é o melhor indicador da repartição da renda entre as diversas classes sociais, pois ela constitui a remuneração dos que participam da produção social, como trabalhadores, empregados ou proprietários. Por isso a utilizamos no capítulo anterior. Mas agora se trata da renda que explica os diferentes níveis de consumo, e neste caso o indicador adequado é a renda familiar, pois a mesma renda individual – digamos, de três salários mínimos – pode permitir um nível de consumo razoável para uma pessoa que possa usufruí-la por inteiro, mas pode também significar pobreza se dela tiver que viver uma família numerosa.

Mas mesmo a renda familiar não é o indicador mais adequado da pobreza ou riqueza pessoais, pois é preciso levar em consideração que as famílias não são do mesmo tamanho. Em verdade, as famílias com renda baixa tendem a ser comparativamente grandes, o que faz com que o melhor indicador seja a renda familiar *per capita*, ou seja, a renda familiar dividida pelo número de pessoas que se sustentam com ela. Essa informação, oferecida pelo Censo Demográfico de 1980, mostra que os mais pobres pertencem em geral a famílias mais numerosas. Assim, os que têm renda familiar *per capita* de até 1/8 de salário mínimo pertencem a famílias que têm em média 5,6 membros; já os que têm de 1/8 a 1/4 de salário mínimo estão em famílias com 5,4 membros em média; e assim por diante, até os que têm mais de cinco salários mínimos de renda familiar *per capita*, cujas famílias não têm mais do que três membros em média.

Portanto, para sabermos quantos são os ricos e os pobres no Brasil, devemos examinar a repartição da renda familiar *per capita.* Mas, quando essa informação não estiver disponível, teremos de usar a renda individual ou familiar, como aproximação da mesma.

Pobres e ricos na década de 60

Como o Censo Demográfico de 1960 apurou apenas a renda individual da população economicamente ativa, mas não a renda familiar, não temos elementos seguros para mensurar a extensão da pobreza e da riqueza no começo da referida década. Mas há numerosos indicadores naquele censo que demonstram que o Brasil ainda era então um país muito pobre, arcando com um legado de muitas décadas de atraso, que somente após 1930 começou a ser sistematicamente superado.

Talvez o dado mais expressivo a esse respeito seja que, em 1960, nada menos que 70,1% da população economicamente ativa ganhavam menos que o salário mínimo, proporção que alcançava 88,7% na agricultura, mas mesmo nas cidades era mais da metade, ou seja, 54,9% (excluindo dos totais as pessoas ativas sem rendimentos, que, ao que se supõe, participam da renda do chefe da família, de quem são auxiliares não-remunerados). Em outras palavras, menos de 1/3 da população ativa tinha emprego regular ou ganhos equivalentes.

É preciso distinguir aqui as condições no campo e nas cidades. O salário mínimo não tinha vigência na agricultura, sendo obrigatório apenas para as empresas urbanas. Além disso, como já vimos, os gastos monetários nas zonas rurais tendem a ser bem menores do que nas urbanas. Mesmo assim, não há dúvida de que a população rural, em 1960, era predominantemente pobre, para não dizer paupérrima. Basta mencionar que somente 8,4% dos domicílios rurais tinham instalação elétrica e, por isso, apenas 12,1% dispunham de rádio, 1,3% de geladeira e 0,3% de televisão; apenas 3,4% dispunham de água corrente e só 3% estavam ligados à rede de esgotos ou tinham fossa séptica. Em suma, a grande maioria dos que moravam no campo – e que constituíam 55,1% da população do país – não tinha acesso às comodidades da vida moderna e estava virtualmente isolada da rede de comunicação eletrônica de massa. A maior parte da população rural – 55,8% – não sabia ler nem escrever.

Mas a extensão da pobreza nas cidades, embora menor, não deixava de ser também expressiva. Como vimos, mais da metade da população ativa urbana ganhava menos que o salário mínimo. É verdade que o salário mínimo era, em 1960, muito maior do que hoje, tanto em termos absolutos quanto sobretudo em termos relativos. Basta dizer que, entre outubro de

1960 e maio de 1970, o salário mínimo no Rio de Janeiro perdeu cerca de 42% do seu poder de compra.

Convém recordar aqui que o salário mínimo foi instituído em 1940, durante o Estado Novo, período em que os sindicatos estavam completamente reprimidos, de modo que sua aplicação foi muito precária. Entre 1943 e 1952, ele não foi reajustado, perdendo muito do seu valor real. Mas, em 1952, os sindicatos começaram a recuperar sua autonomia e o presidente Getúlio Vargas dobrou o valor do salário mínimo, fazendo-o retornar ao poder aquisitivo que tinha tido em 1943, por ocasião do reajustamento anterior. E em 1954, voltou a dobrá-lo, aumentando seu poder aquisitivo, isto é, seu valor real. Ao longo dos anos 50, as direções sindicais foram sendo conquistadas por representantes mais autênticos dos trabalhadores, tornando-se mais combativas e mais capazes de fazer valer os direitos que a legislação confere ao assalariado. A generalização do salário mínimo, ao menos nas cidades médias e grandes, deve ter se dado nessa época, tornando-se a principal conquista efetiva do movimento operário. Durante a segunda metade dos anos 50, sob a presidência de Juscelino Kubitschek, o salário mínimo continuou sendo aumentado em valor real, de modo que ele atingiu seu ápice por volta de 1959. Daí por diante, em face de uma inflação cada vez maior, o salário mínimo, em termos de poder de compra, começou a cair, queda que se agravou a partir de 1965, quando, por determinação legal, os reajustamentos salariais passaram a ser inferiores ao aumento do custo de vida.

Mas, se o avanço da luta sindical generalizou o pagamento do salário mínimo nas áreas urbanas, como se explica que 54,9% das rendas individuais em atividades não-agrícolas estivessem abaixo dele em 1960? Em primeiro lugar, porque estamos considerando o *maior* salário mínimo do país, que vigorava apenas na cidade do Rio de Janeiro. Nas demais áreas do país, ele era menor, de modo que nelas muitos assalariados regularmente registrados podiam ganhar menos. Na Guanabara, em 1960, apenas 30,4% das pessoas economicamente ativas ganhavam abaixo do mínimo.

Em segundo lugar, boa parte das pessoas economicamente ativas nas cidades não é constituída por assalariados de empresas, mas desempenha atividades por conta própria (comerciantes, artesãos, etc.) ou trabalha como empregados domésticos ou como operários não-registrados, etc. A maior parte dos pobres é precisamente formada por autônomos com pouco ou nenhum capital, empregados domésticos e assalariados não-registrados. Nas regiões menos desenvolvidas do país, parcelas maiores da população ativa urbana estavam nessas categorias, em virtude da pequena demanda empresarial por força de trabalho. O atraso econômico se manifesta nessa pequena dimensão do mercado formal de trabalho. No Espírito Santo, por exemplo, em 1960, o salário mínimo urbano era 25% menor que o da Guanabara; da sua população urbana, quase a metade (48,4%) ganhava menos que o salário mínimo *local*, e 66,9% ganhavam menos que o maior salário mínimo do país.

Deve-se concluir portanto que, apesar das conquistas do movimento operário (sobretudo a fixação de um salário mínimo legal razoável para as condições da época), em 1960 a pobreza ainda era muito ampla entre a população urbana brasileira, principalmente devido ao nível ainda baixo de desenvolvimento econômico então atingido pelo país. Mesmo assim, as condições de vida nas cidades eram bem melhores do que no campo: 72,4% dos domicílios urbanos dispunham de energia elétrica, 61,6% possuíam rádio, 23,3%, geladeira e 9,5%, televisão; 47,8% dispunham de água corrente e 47,2% estavam ligados à rede de esgotos ou tinham fossa séptica. Esses dados permitem concluir que cerca de metade da população urbana ainda estava excluída das chamadas "comodidades da vida moderna", e quase 2/5 dela estavam isolados da rede de comunicação eletrônica de massa. Dessa população, 21,8%, com dez anos e mais, eram analfabetos.

A essa pobreza, que vitimava a quase totalidade da população rural e cerca da metade da população urbana, se contrapunha uma fração extremamente reduzida de gente rica. Um indicador nesse sentido é que somente 0,6% das pessoas ativas tinha, em 1960, renda igual ou superior a dez salários mínimos. Mesmo se considerássemos ricos os que ganhavam cinco ou mais salários mínimos (devido ao valor relativamente elevado do maior salário mínimo da época), eles não passavam então de 3,7% da população economicamente ativa.

Esses dados caracterizam bem como se repartia a renda no Brasil em 1960: a uma grande maioria de pobres correspondiam uma "classe média" de dimensões modestas (26,2% ganhavam de um a cinco salários mínimos) e uma classe rica muito reduzida. Mesmo nas cidades, a proporção dos que ganhavam cinco ou mais salários mínimos não passava de 6,1%.

Durante a década seguinte, essa repartição da renda pouco se alterou. Do ponto de vista do desenvolvimento, a década de 60 pode ser dividida em três períodos: o primeiro abrange os anos de 1960 e 1961, em que a economia continua sob o forte impulso industrializador que lhe fora imprimido durante o mandato de Juscelino Kubitschek; o segundo cobre o período de 1962 a 1967, em que o país sofreu intensa crise econômica; e finalmente os anos finais, de 1968 e 1969, em que se iniciou o chamado "milagre econômico". Em suma, essa década teve quatro anos de desenvolvimento acelerado e seis anos de recessão ou estagnação.

O valor real do salário mínimo já começa a ser desgastado nos primeiros anos da década, quando a inflação se acelera fortemente e o Governo João Goulart passa a reajustá-lo em porcentagens algo menores do que o aumento do custo de vida. Em fevereiro de 1964, o Governo adotou a política de aumentar mais o salário mínimo das áreas em que ele era mais baixo, sacrificando o valor real do maior salário mínimo, que é o adotado para definir as classes de renda. Essa política acabou sendo também praticada pelos governos militares que se seguiram.

É provável que os salários tenham declinado, em geral, em 1963, em virtude do crescimento da inflação e do agravamento da recessão, que, naquele ano, pela primeira vez, ocasionou demissões em massa na indústria. Mas os sindicatos conseguiram aumentar a mobilização do operariado e continuavam obtendo reajustamentos proporcionais ao aumento do custo de vida, inclusive em intervalos menores, isto é, a cada seis meses.

Dessa maneira, os assalariados das categorias bem-organizadas conseguiam defender seus salários da inflação. A conquista do 13º salário, em 1962, representou uma elevação geral de até 8,3% dos salários; mas, considerando-se o "abono de Natal", que muitas categorias já vinham recebendo, o aumento de fato deve ter sido menor.

Tudo isso mudou radicalmente a partir de abril de 1964, quando um golpe inaugurou o regime militar que iria perdurar por 21 anos. O novo regime desarmou o movimento operário, substituindo as diretorias eleitas por interventores e cassando os parlamentares que davam cobertura política às reivindicações populares. O movimento dos trabalhadores rurais, que tinha as Ligas Camponesas por vanguarda, foi reprimido de modo sangrento, com o sacrifício das lideranças mais notórias (o filme *Cabra marcado para morrer* relata parte dessa história). A estabilidade no emprego foi abolida, em atendimento a antiga reivindicação do patronato. Em seu lugar, criou-se o Fundo de Garantia por Tempo de Serviço. O direito de greve foi não só legalmente muito restringido, mas abolido na prática. As poucas greves por aumentos de salário, tentadas sobretudo em 1968, foram brutalmente reprimidas pela polícia. Até 1978, as únicas greves toleradas foram as motivadas por atraso no pagamento dos salários.

Com o movimento operário fora do caminho, o Governo Castelo Branco instituiu uma política salarial centralizada para todo o país, que está em vigor até hoje. Até então os acordos coletivos de trabalho eram negociados diretamente entre sindicatos de trabalhadores e de empregadores, e arbitrados pela Justiça do Trabalho. De 1965 em diante, no entanto, os reajustamentos salariais passaram a ser decididos pelo Governo Federal, que passou a baixar cada mês uma portaria fixando o índice de reajustamento para todos acordos que expiravam no referido mês. Reajustamentos em intervalos menores que um ano foram proibidos. Até 1979, os índices eram calculados à base do salário médio real dos 12 meses anteriores, acrescido de uma porcentagem correspondente à inflação futura "esperada". Como a inflação real foi sempre bem maior do que a esperada, a aplicação dessa política salarial resultou em sistemática redução dos salários reais, inclusive do salário mínimo.

O DIEESE (Departamento Intersindical de Estatística e Estudos Sócio-Econômicos) estudou os efeitos da aplicação dessa política salarial em 81 categorias de trabalhadores de todo o Brasil. A sua conclusão é "que houve uma perda acentuada do poder de compra dos salários, para o conjunto das categorias. Esta perda é evidente nos 3 primeiros anos de aplicação da Lei 4.725, com uma ligeira recuperação no período que vai de 1968 a 1970. . ." (DIEESE, 1975, p. 63). O estudo mostra que o salário real mais freqüente caiu 25%, em termos reais, entre 1964/5 e 1969/70. Entre fevereiro de 1964 e maio de 1970, o maior salário mínimo caiu 34,5% em termos de poder de compra.

Essa foi a queda *absoluta* do salário mínimo em termos de poder de compra. Mas, em termos *relativos*, ela foi bem maior, pois nesse ínterim a economia se desenvolveu, o padrão de vida médio se elevou, juntamente com a renda *per capita*, ao passo que o salário mínimo diminuiu. Se observarmos a evolução da economia em prazo mais longo, de decênios, notaremos que as necessidades se multiplicam e que produtos que em determinado momento eram considerados relativamente supérfluos passam depois de certo tempo a ser indispensáveis. É o caso, por exemplo, da geladeira, da qual não se pode prescindir mais quando alimentos perecíveis são oferecidos à venda numa forma que exige sua refrigeração em casa. Ou o caso do aparelho de televisão, quando o seu uso se generaliza e a vida cultural de grande parte da população passa a ter nele uma fonte insubstituível. Pesquisas de orçamentos domésticos revelam também que, com o passar do tempo, o gasto com condução aumenta nitidamente, sobretudo nas grandes cidades.

Tudo isso demonstra que a cesta de bens e serviços, a ser coberta pelo salário mínimo para garantir um nível mínimo de subsistência, não permanece constante, mas cresce com o próprio desenvolvimento da economia. Por essa razão, o salário mínimo não pode permanecer o mesmo, mas tem que crescer, aproximadamente ao mesmo ritmo que a renda *per capita* do país.

E foi o que ocorreu na década de 50, a partir do momento em que Getúlio Vargas passou a reajustá-lo. Em 1952, o salário mínimo do Rio de Janeiro equivalia a duas vezes o PIB (Produto Interno Bruto) *per capita*, o que significa que ele proporcionava a uma família de quatro pessoas a metade do poder aquisitivo médio do país. Entre 1952 e 1960, esse salário mínimo oscilou entre 2 e 2,69 vezes o PIB *per capita*, acompanhando aproximadamente o crescimento global da economia.

De 1960 em diante, o salário mínimo deixou de acompanhar o PIB *per capita*; seu valor relativo caiu de 2,1 vezes o PIB *per capita* em 1960 para 1,64 em 1964 e para 1 em 1970. Durante essa década, portanto, o salário mínimo perdeu mais da metade do seu valor relativo, proporcionando no fim dela apenas 1/4 do poder aquisitivo médio a uma família de quatro membros.

Como se vê, a política econômica posta em prática durante os anos 60, sobretudo após a instauração do regime militar, prejudicou fortemente os assalariados urbanos, que constituem parcela crescente da população economicamente ativa: eles passam de 29,8% em 1960 para 37,8% em 1970. É claro que seu efeito não foi igual para todos os assalariados. Os que ocupavam posições de mando nas empresas tiveram sua remuneração reajustada de acordo com os lucros das mesmas, e não pelas diretrizes da política salarial. Edmar Bacha (1976) estudou detalhadamente a evolução dos salários e ordenados em diversos grupos de grandes empresas do Centro-Sul. Concluiu que, entre 1966 e 1972, os salários da mão-de-obra não-qualificada "parecem cair de maneira inequívoca", ao passo que os salários dos demais trabalhadores crescem de forma aleatória. "Os gerentes, entretanto, separam-se dos trabalhadores tanto no que se refere à média salarial quanto no que respeita à taxa de crescimento dos salários – ambas significativamente mais altas no caso dos gerentes" (p. 129).

O que os dados disponíveis indicam é que pelo menos as grandes empresas aproveitaram as facilidades da política salarial para reduzir seus gastos com os trabalhadores menos qualificados e por isso mais facilmente substituíveis, e com os recursos assim liberados deram aumentos algo maiores, geralmente "por mérito", aos trabalhadores qualificados; quanto a si mesmos – pois é a cúpula gerencial que determina a escala salarial nas grandes empresas –, os gerentes foram naturalmente generosos, atribuindo-se amplos aumentos reais de salários.

Nada disso deve surpreender. Uma política salarial restritiva, ou de "arrocho", como se costuma dizer, transfere naturalmente renda do trabalho ao capital e, como a burguesia gerencial faz parte do capital, essa política concentra a própria renda salarial, tornando mais desigual a repartição da mesma. Essa concentração transparece na evolução da repartição da renda dos assalariados em atividades não-agrícolas, entre 1960 e 1970: enquanto a proporção com menos de dois salários mínimos cai um pouco (de 78,8% para 76,9%), a proporção com dois a dez salários mínimos permanece praticamente a mesma (18,2% e 18,4%), mas a proporção com mais de dez salários mínimos aumenta nitidamente (de 0,6% para 1,4%). É provável que cada vez mais gerentes tenham conseguido ultrapassar a barreira dos dez salários mínimos, enquanto a grande massa dos pouco ou nada qualificados permaneceu abaixo dos dois salários mínimos, apesar da grande perda de valor (absoluto e relativo) do mesmo.

A outra grande parcela (além dos assalariados urbanos) que forma a população economicamente ativa é constituída pelos trabalhadores do campo, dos quais a maioria é formada por camponeses, isto é, pequenos produtores que trabalham em terra própria ou arrendada, com o auxílio principalmente de membros da família. Como vimos, a grande maioria desses trabalhadores era extremamente pobre no início da década de 60 e muitos estavam começando a se mobilizar, visando sobretudo a redistribuição da terra mediante a reforma agrária. O primeiro presidente do regime militar, general Castelo Branco, promoveu a aprovação do Estatuto da Terra, que facilitaria a execução de uma reforma agrária, se houvesse vontade política por parte do Governo para agir nesse sentido. Mas, a completa destruição do movimento camponês, em 1964, desequilibrou o confronto de interesses pró e contra a reforma agrária nas zonas rurais, onde ela deveria ocorrer. A hegemonia dos proprietários fundiários foi reforçada pela desaparição de cena dos que tentavam contestá-la. A vigência do Estatuto da Terra por 20 anos sem que a reforma agrária fosse sequer tentada mostra bem que esta última só pode ser o fruto da luta dos diretamente interessados, sem a qual as leis que pretendem promovê-la permanecem letra morta.

Ora, numa agricultura formada predominantemente por produtores autônomos, a repartição da renda depende basicamente da repartição da propriedade fundiária. Como esta última não foi modificada, a não ser marginalmente, pela incorporação de novas terras à agricultura e pela divisão de propriedades entre herdeiros, é natural que a repartição da renda agrícola também não tenha sido alterada. Na realidade, o que deve ter afetado a repartição da renda agrícola, na década de 60, foi a crescente mecanização da produção, que atingiu tanto as pequenas como as grandes explorações. O trator substitui sobretudo o trabalho do assalariado, o que explica a queda da proporção de assalariados na força de trabalho agrícola, de 28,2% em 1960 para 19,8% em 1970.

Mas essa substituição não elevou a renda dos autônomos; pelo contrário, afetou-a negativamente, pois muitos pequenos camponeses complementavam a sua renda de exploração com trabalho assalariado em propriedades alheias, sobretudo nas grandes. A redução dessa demanda por trabalho assalariado, causada pela difusão do uso de tratores e maquinaria agrícola, deve ter aumentado a miséria do minifundiário, o qual não tem terra suficiente para ocupar toda a sua mão-de-obra familiar. Como única saída para o agricultor com pouca ou sem nenhuma terra, restou o abandono da agricultura e a migração para as cidades. A proporção da população brasileira que morava em áreas rurais caiu de 55% em 1960 para 44,1% em 1970, o que denota uma ampla migração rural-urbana. Não obstante, a população minifundiária não deixou de crescer acentuadamente: o número de pessoas ocupadas em explorações de menos de dez hectares aumentou 47,9%, passando de 4,8 milhões em 1960 para 7,1 milhões em 1970. Abrigava-se, nessas mini-explorações, um crescente "exército agrícola de reserva", do qual seria recrutado na década seguinte o grande contingente de bóias-frias que viabilizaria a rápida expansão da cultura da cana (para o Pró-Álcool) e da laranja (em grande parte, para exportação).

Tudo isso explica por que a proporção de autônomos em atividades agrícolas com renda de até um salário mínimo, que já era esmagadora em 1960 (86,0%), ainda aumentou mais em 1970 (87,7%). Isso indica que a pobreza no campo durante os anos 60 continuou enorme, tendo possivelmente aumentado. O Censo Demográfico de 1970 dá indicações mais precisas sobre as dimensões da pobreza mediante a renda familiar. Naquele ano, na zona rural, 69% das famílias tinham renda de até um salário mínimo e 20,3% das famílias tinham renda de um a dois salários mínimos. Ambos os grupos devem ser considerados pobres, na medida em que a renda familiar *per capita* não passava de 0,13 salário mínimo no primeiro e 0,27 salário mínimo no último.

Como vimos, em 1970 o maior salário mínimo era aproximadamente equivalente ao PIB *per capita*. Sendo a renda *per capita* notoriamente baixa no Brasil, é razoável fixar a "linha de pobreza", ou seja, a renda mínima abaixo da qual a pessoa deve ser considerada pobre, como a metade do PIB *per capita*. De acordo com esse critério, 89,3% das famílias rurais brasileiras eram pobres em 1970.

Os ricos, por outro lado, eram extremamente poucos no campo, em 1970. Se considerarmos "ricos", em zonas rurais, os que pertenciam a famílias com renda de cinco a dez salários mínimos (e com renda familiar *per capita* de cerca de 1,59 salário mínimo) e a famílias com renda de dez e mais salários mínimos (e com renda familiar *per capita* de 4,66 salários mínimos), verificamos que, em 1970, pertenciam à primeira categoria 0,34% das famílias rurais e à última, 0,15%. Em conjunto, os "ricos" não constituíam sequer 0,5% dos moradores na zona rural.

Esses dados mostram que as famílias de alta renda preferem morar nas cidades, que oferecem melhor qualidade de vida, sobretudo aos que dispõem de dinheiro. Grande parte da renda da terra e do lucro auferido pelo capital investido na agricultura deveria fluir, então, para as cidades em que moravam seus usufruidores. Isso significa que boa parte das famílias *urbanas* com renda de cinco a dez e dez e mais salários mínimos, que constituíam, em 1970, respectivamente 6,0% e 2,5% do total, deveria sua renda elevada, no todo ou em parte, à exploração agropecuária. Já era – como continua sendo – comum a figura do "fazendeiro de fim de semana", geralmente industrial, comerciante ou profissional liberal, que além de sua atividade urbana também possui propriedades agrícolas. Nesses casos, a renda familiar é composta por rendas derivadas de atividades agrícolas e não-agrícolas.

Podemos concluir que, durante os anos 60, a proporção de pobres no Brasil quase não diminuiu (se considerarmos que, do total de pessoas ativas, tinham renda de até um salário mínimo 70,1% em 1960 e 68,0% em 1970), mas que a proporção de ricos certamente aumentou (já que as pessoas com renda de dez e mais salários mínimos passou de 0,6% em 1960 para 1,1% em 1970). Como a renda pessoal média cresceu, na década dos 60, 32,9% em termos reais, fica claro que esse acréscimo serviu muito mais para multiplicar o número de ricos do que para aliviar a situação dos pobres. No Brasil como um todo, em 1970, 45,2% das famílias tinham renda de até um salário mínimo e 22,8%, de um a dois salários mínimos. Portanto, mais de 2/3 das famílias brasileiras eram indubitavelmente pobres, sendo essa proporção de 53% nas cidades e 89,3% no campo.

Os indicadores de qualidade de vida confirmam essa conclusão: entre 1960 e 1970, a proporção de domicílios com água corrente cresceu apenas de 47,8% para 52,6% nas cidades e de 3,4% para 6,2% no campo; a proporção com esgoto ou fossa séptica *caiu* de 47,2% para 44,2% nas cidades e de 3% para 2% no campo; a proporção de domicílios com instalação elétrica cresceu de 72,4% para 75,5% nas cidades e permaneceu a mesma (8,4%) no campo. O que cresceu bastante foi a proporção de domicílios *urbanos* com geladeira (de 23,3% para 42,5%) e com televisão (de 9,5% para 40,2%), mas no campo ambas permaneceram irrisórias: a proporção com geladeira evoluiu de 1,3% para 3,2% e a com televisão passou de 0,3% para 1,6%. E, para terminar, as taxas de analfabetismo entre a população de dez anos e mais diminuem entre 1960 e 1970, mas pouco: de 21,8% para 19,3% nas cidades e de 55,8% para 52,9% no campo.

Como se vê, geladeira e TV tornaram-se bens de primeira necessidade nas cidades, passando a ser utilizados em pouco mais de 2/5 dos domicílios. De resto, mais da metade da população urbana e a quase totalidade da população rural continuavam, em 1970, excluídas dos benefícios mínimos – água, esgoto, bens duráveis – da civilização hodierna. Um quinto da população urbana e mais da metade da população rural continuavam excluídos de qualquer ensino, inclusive do elementar. Durante os primeiros seis anos do regime militar, a repartição da renda em termos *absolutos* multiplicou o pequeno número de muito ricos e conservou a grande proporção de pobres.

Pobres e ricos na década de 70

Os anos 70 foram institucionalmente homogêneos. Entre 1970 e 1980, sucederam-se três governos militares: o do general Médici, até 1974; o do general Geisel, até 1979; e o do general Figueiredo, o último do regime militar. A repressão ao movimento operário e às tentativas de oposição ao regime e à sua política continuou, com toda intensidade, até meados da década. Da segunda metade da mesma em diante se dá o famoso processo de "distensão, lenta e segura", que começou com o afrouxamento gradativo da censura aos meios de comunicação de massa e culminou, em 1979, com a revogação do Ato Institucional nº 5, que conferia poderes ditatoriais ao Executivo. Do ponto de vista da repartição da renda, a mudança mais significativa foi a retomada da prática grevista, a partir de 1978, cuja repressão foi consideravelmente atenuada daí por diante. Com isso, um crescente número de sindicatos passou a eleger diretorias mais combativas e a barganha coletiva dos salários foi sendo restaurada.

Em 1979, após ampla onda de greves, que cobriu o país de Norte a Sul, o Governo enviou ao parlamento um novo projeto de lei salarial, instaurando reajustes semestrais diferenciados tendo por base o INPC (Índice Nacional de Preços ao Consumidor). Os assalariados com renda até três salários mínimos receberiam 110% do INPC, os com renda até dez salários mínimos receberiam 100% do INPC sobre a faixa de três a dez salários mínimos, e os com renda acima de dez salários mínimos receberiam 80% do INPC sobre a faixa que ultrapassasse esse limite. A partir de novembro de 1979, entrou em vigor a Lei 6.708, que prescrevia essas normas de reajustamento salarial.

Se politicamente a década de 70 se caracterizou por gradativa melhora, economicamente a situação evoluiu em sentido oposto. Até 1973, a economia brasileira cresceu com grande rapidez e inflação declinante, o que denotou o famoso "milagre econômico" (iniciado, como vimos, em 1968). De 1974 em diante, dificuldades externas (aumento do preço do petróleo importado, recessão mundial) e internas (agravamento de pontos de estrangulamento) fizeram com que a inflação voltasse a disparar e que o crescimento se tornasse irregular. Mesmo assim, a expansão econômica manteve bastante vigor até 1976, e nos anos restantes da década continuou num patamar mais baixo, mas sempre acima do crescimento da população. Embora, de 1975 em diante, se falasse muito em "crise econômica", o fato é que antes de 1981 o Brasil não sofreu propriamente qualquer recessão.

O período do "milagre econômico" (1970-76)

Consideremos inicialmente o subperíodo 1970-76, durante o qual o crescimento econômico foi particularmente intenso. A proporção de famílias com renda até um salário mínimo cai de 45,2% em 1970 para 21,3% em 1976, e a de famílias com renda de um a dois salários mínimos aumenta de 22,8% em 1970 para 24,7% em 1976. Em 1976, a renda familiar *per capita* nas famílias com até um salário mínimo de renda era de 0,21 salário mínimo, e nas famílias com um a dois salários mínimos de renda era de 0,37 salário mínimo. De acordo com uma "linha de pobreza" equivalente a meio salário mínimo, conforme adotamos acima, ambos os grupos de famílias devem ser considerados pobres. Dessa forma, ter-se-ia de concluir que a extensão da pobreza no Brasil diminuiu consideravelmente nesse subperíodo, passando de 68% em 1970 para 46% em 1976.

Para validar essa conclusão, é preciso examinar o que ocorreu com o maior salário mínimo, que serve de medida tanto da repartição da renda como da "linha de pobreza", entre 1970 e 1976. Em termos *absolutos*, isto é, de poder de compra, o salário mínimo foi ligeiramente aumentado – cerca de 5% no Rio e 7% em São Paulo – entre 1970 e 1976. Nesse sentido, a passagem de algo como 22% das famílias sobre a barreira da renda de dois salários mínimos representa efetivamente uma melhora do seu poder aquisitivo, fazendo com que deixassem de ser pobres ou ao menos se tornassem menos pobres (no grupo seguinte de famílias com dois a cinco salários mínimos, no qual se encontravam 23,5% das famílias em 1970 e 29,5% em 1976, a renda familiar *per capita* era de 0,72 salário mínimo em 1970 e 0,75 salário mínimo em 1976 – acima, portanto, de 0,5 salário mínimo).

Mas, em termos *relativos*, o salário mínimo continuou caindo, pois seus reajustamentos nominais de modo algum acompanharam a rápida expansão do PIB *per capita* entre 1970 e 1976. Como vimos, em 1970 o salário mínimo tinha aproximadamente o mesmo valor que o PIB *per capita*; seis anos depois, ele não valia mais que 0,55 PIB *per capita*, ou seja, perdeu 45% do seu valor relativo. Isso significa que, se as necessidades básicas se expandiram ao mesmo ritmo que o PIB *per capita*, entre 1970 e 1976, o salário mínimo, embora tenha elevado ligeiramente o seu poder de compra em relação à *mesma* cesta de bens, de fato se tornou ainda mais insuficiente para prover as necessidades de uma família. Nesse sentido, os 46% de famílias que continuavam, em 1976, com até dois salários mínimos de renda e com menos de meio salário mínimo de renda familiar *per capita* tornaram-se *relativamente* até mais pobres do que eram em 1970, ao passo que os 22% de famílias que se alçaram acima dessa linha deixaram de ser pobres em termos absolutos, mas não relativos. Em outras palavras, essas famílias que em 1976 conseguiram melhorar seu poder aquisitivo não seriam mais pobres se a economia brasileira tivesse ficado no nível de 1970. Mas, como em 1976 o PIB *per capita* brasileiro era 54,8% mais alto do que em 1970, a posição dessas famílias em relação às suas novas necessidades básicas pouco se alterou.

Em suma, podemos concluir que o extraordinário crescimento da economia brasileira durante o período do "milagre" reduziu as dimensões da pobreza absoluta, mas não da relativa. Em compensação, multiplicou também, de forma extraordinária, a proporção de famílias de rendas média e alta. As famílias com renda de cinco a dez salários mínimos passaram de 3,7% do total em 1970 para 14,2% em 1976, e as com renda de dez salários mínimos e mais passaram de 1,5% do total em 1970 para 9,9% em 1976. Esses dados indicam que houve uma transformação muito ampla na estrutura da sociedade brasileira, que se reflete na repartição da renda. Como enfatizamos antes, em 1960, assim como em 1970, a pirâmide social brasileira apresentava uma enorme base de pobres e uma minúscula cúpula de ricos. Apenas meia dúzia de anos mais tarde, a base se reduziu um pouco e a cúpula se ampliou de forma surpreendente. Subitamente, surgiu uma numerosa "classe média" que, em padrão de consumo, não apresenta solução de continuidade com a "classe rica". Em termos relativos, as famílias com renda acima de cinco salários mínimos passam de 1/20 do total em 1970 para quase 1/4 em 1976. Em termos absolutos, o seu número passou de 963,3 mil em 1970 para 5.576,7 mil em 1976. Em seis anos, o mercado de bens duráveis de luxo (automóveis, aparelhos de som) e de serviços de padrão e custo elevados (hospitais privados, escolas particulares, viagens ao exterior) se multiplica por 5,8!

A política econômica posta em prática durante o "milagre" favoreceu a concentração do capital, ou seja, a multiplicação e o crescimento das grandes empresas. A política trabalhista e, em particular, a política salarial nesse período promoveram a contenção dos baixos salários e com isso provocaram a concentração da renda salarial, sobretudo nas grandes empresas. Surgiu assim o crescimento explosivo da demanda por bens e serviços de alto padrão, cuja expansão marcou precisamente o "milagre econômico" brasileiro.

É interessante observar que a redução da pobreza absoluta se deu tanto na zona urbana quanto na rural. Nas cidades, a proporção de famílias com renda até dois salários mínimos caiu de 53,1% em 1970 para 33,9% em 1976 e, no campo, de 89,3% em 1970 para 70,6% em 1976. A redução da pobreza foi quase a mesma nas cidades, em que 19,2% das famílias ultrapassaram a barreira dos dois salários mínimos, que no campo, em que 18,7% das famílias fizeram o mesmo. Se, no entanto, considerarmos que no campo as despesas monetárias são bem menores, poderíamos talvez adotar como "linha de pobreza" um salário mínimo, em vez de dois, para as famílias rurais. Nesse caso, a redução da pobreza absoluta na zona rural teria sido até maior, pois a proporção de famílias com renda até um salário mínimo caiu de 69,0% em 1970 para 37,0% em 1976. Cerca de 32% das famílias rurais teriam deixado de ser pobres nesse período.

Os padrões de consumo confirmam até certo ponto essa melhora da renda familiar. Nas cidades, entre 1970 e 1976, os domicílios com instalação elétrica aumentaram de 75,6% para 84,9%, os com geladeira, de 42,5% para 60% e os com aparelho de televisão, de 40,2% para 66,4%. No campo, no mesmo período, os domicílios com instalação elétrica aumentaram de 8,4% para 19,2%, os com geladeira, de 3,2% para 9%, e os com televisão, de 1,6% para 9,6%. Se a ausência de geladeira e de televisão pode caracterizar pobreza, ou seja, privação de um nível mínimo de vida *normal*, então, em 1976, cerca de 1/3 da população urbana e aproximadamente 9/10 da população rural continuavam pobres. A grande proporção de pobres no campo se devia, no entanto, em 1976, mais à falta de serviços públicos – especificamente, de energia elétrica – do que à falta de renda monetária, pois quase 30% das famílias dispunham de renda de mais de dois salários mínimos, mas apenas 19,2%, de instalação elétrica.

A multiplicação de famílias com renda média e alta também ocorre nas cidades e no campo. Entre 1970 e 1976, a proporção de famílias com renda superior a cinco salários mínimos passa de 8,5% para 32,6% nas cidades, e de 0,5% para 7% no campo. É de se notar que começa a surgir, nesse período, no Brasil, uma classe média rural. Do ponto de vista do padrão de consumo, a difusão da posse do automóvel confirma o rápido crescimento do segmento de alto poder aquisitivo. Entre 1970 e 1976, a proporção de domicílios com carro aumenta de 13,7% para 24% na zona urbana e de 2,6% para 6% na zona rural.

O período pós-"milagre" (1976-80)

No subperíodo 1976-80, o crescimento econômico desacelerou-se visivelmente, enquanto a inflação cresceu bastante. Nos quatro anos anteriores a 1976, o PIB *per capita* cresceu 30,6%; nos quatro anos posteriores a 1976, esse crescimento cai a 14,8%. O deflator implícito do produto, que constitui a medida mais abrangente da inflação, aumenta durante toda a década de 70, particularmente a partir de 1979, quando atinge 57,6%, chegando a 94,6% em 1980. No subperíodo 1976-80, a economia brasileira sofre o segundo choque do petróleo e a contínua elevação da taxa internacional de juros, que grava a dívida externa – mas esses fatores adversos externos são de certa forma "neutralizados" mediante a crescente entrada de empréstimos em dinheiro do exterior.

À calmaria econômica de uma crise adiada (por endividamento externo) correspondeu um processo de mudança institucional que culmina, como vimos, na recuperação da barganha coletiva de salários e do direito de greve e na reformulação da política salarial. Esta última, a partir de fins de 1979, persegue a recomposição do valor real dos salários mais baixos e, implicitamente, do salário mínimo, à custa não tanto do lucro como dos altos salários, explicitamente acima de dez salários mínimos. Em fins de 1980, o Governo intensificou o arrocho dos altos salários, fazendo aprovar a Lei 6.886, segundo a qual a parcela dos salários entre 15 e 20 salários mínimos receberia apenas metade do INPC e a parcela acima de 20 salários mínimos nada receberia, podendo haver negociações entre patrões e empregados para determinar o eventual reajustamento daquela parcela.

Em face de tantas mudanças, é curioso constatar que a dimensão da pobreza e da riqueza no Brasil modificou-se muito pouco entre 1976 e 1980. A proporção de famílias com renda até um salário mínimo quase não se alterou, passando de 21,3% para

21,7%, ao passo que a de famílias com renda de um a dois salários mínimos caiu um pouco (de 24,7% para 22,3%). Considerando esses dois grupos como pobres, a sua proporção conjunta se reduziu ligeiramente, de 46% em 1976 para 44% em 1980. Para 1980, é possível testar essa proporção de pobres mediante outro dado. É que o Censo Demográfico desse ano apresenta as famílias divididas em classes de renda familiar *per capita* e a linha de pobreza aqui adotada é, como se viu, de meio salário mínimo de renda familiar *per capita.* Em 1980, estavam abaixo dessa linha 42,9% das famílias brasileiras, cifra bastante próxima aos 44% de famílias com renda até dois salários mínimos.

Entre 1976 e 1980, o valor real do salário mínimo do Rio de Janeiro sofreu um pequeno aumento de 3,8%, de modo que, como unidade de medida da repartição da renda e da linha de pobreza absoluta, ele continua válido. Mas, em termos relativos, o salário mínimo continuou perdendo valor. De 0,55 do PIB *per capita* em 1976 ele caiu para 0,41 em 1980, perdendo cerca de 1/4 do seu valor relativo.

A redução da pobreza, entre 1976 e 1980, continua, portanto, ambígua. Se o poder aquisitivo de 2% das famílias de fato cresceu a ponto de elevá-las acima da linha de pobreza, o conjunto das famílias de baixa renda ainda se tornou mais pobre em relação ao nível geral de consumo atingido pelo conjunto do país.

A proporção de famílias com renda média e alta tampouco sofreu mudança significativa entre 1976 e 1980: a das com renda de cinco a dez salários mínimos passou de 14,2% para 14,3% e a das com renda de dez ou mais salários mínimos passou de 9,9% para 10,1%.

Como acontece em geral, a constância da repartição da renda de toda a população, entre 1976 e 1980, resulta de mudanças em sentido oposto, que se compensam, da repartição da renda em subconjuntos da população. Nesse subperíodo, a pobreza continuou diminuindo na zona urbana, mas voltou a subir na zona rural. Nas cidades, a proporção de famílias com renda até dois salários mínimos caiu de 33,9% em 1976 para 32,5% em 1980, denotando ligeiro declínio na extensão da pobreza. No campo, essa proporção, no entanto, cresceu de 70,6% para

71,8%, revelando um aumento, também pequeno, na extensão da pobreza. Esse aumento é maior, no entanto, se considerarmos como linha de pobreza rural um salário mínimo de renda familiar em lugar de dois como fizemos acima. A proporção de famílias abaixo dessa linha cresceu de 37% em 1976 para 41,8% em 1980.

Vale notar que, embora a queda na proporção de famílias com renda até dois salários mínimos nas cidades (1,4%) tenha sido praticamente igual ao aumento da mesma no campo (1,2%), na população total essa proporção caiu 2% porque a proporção de famílias urbanas no total cresceu de 67% em 1976 para 70,5% em 1980, caindo, na mesma medida, a proporção de famílias rurais de 33% para 29,5%. Como a proporção de famílias pobres é muito maior no campo do que na cidade, o translado de 3,5% das famílias da zona rural à urbana resulta em queda da extensão da pobreza na população total.

É interessante notar que, nas cidades, à ligeira redução da pobreza, entre 1976 e 1980, correspondeu também uma ligeira redução das proporções de famílias com renda média (de cinco a dez salários mínimos), de 18,7% para 18,3%, e de famílias com renda alta (de dez e mais salários mínimos), de 13,9% para 13,5%. O grupo de famílias que cresceu, nesse subperíodo, foi o das com renda imediatamente acima da linha de pobreza (de dois a cinco salários mínimos), que passou de 33% em 1976 para 34,8% em 1980. Essa pequena mas não insignificante mudança na repartição da renda urbana pode ser atribuída principalmente às conquistas salariais do movimento operário, consolidadas na legislação salarial de 1979, que levaram a reajustamentos maiores dos salários mais baixos e a reajustamentos menores dos mais altos. Entre 1976 e 1980, a proporção de *empregados em atividades não-agrícolas* com renda de até um salário mínimo caiu de 30,1% para 27,8%, subindo as proporções de um a dois salários mínimos (de 31,7% para 34,5%) e de dois a cinco salários mínimos (de 25,2% para 26,5%), ao passo que as proporções com renda acima de cinco salários mínimos caíram (de 12,7% para 11%).

Embora em dimensões restritas, houve uma desconcentração da renda urbana, *pela primeira vez desde 1960,* contrariando a tendência dominante, de sentido oposto. E não parece haver muita dúvida de que essa desconcentração da renda urbana deva ser atribuída à ação do movimento operário. Fica claro, portanto, que a concentração da renda tornou-se tão extrema, no Brasil, entre 1960 e 1976, devido principalmente à ausência de um movimento operário organizado, eliminado do cenário social pela repressão, entre 1964 e 1978.

No campo, a renda continuou se concentrando, com quase 5% das famílias caindo abaixo da linha de um salário mínimo de renda. A proporção de famílias com renda de dois a cinco salários mínimos caiu, entre 1976 e 1980, de 22,2% para 20,9%, e o mesmo ocorreu com a das famílias com renda de cinco a dez salários mínimos (de 5,1% para 4,5%). Somente a proporção das famílias com renda alta, de dez ou mais salários mínimos, aumentou de 1,9% em 1976 para 2% em 1980. Em suma, aumentaram as proporções dos extremos – de menos de um e de mais de dez salários mínimos –, com queda das proporções das classes intermediárias, o que denota claramente concentração da renda, com aumento simultâneo do número de pobres e de ricos.

A concentração da renda agrícola decorre basicamente da concentração da propriedade fundiária, tendência que se verifica ao longo de toda a década de 70. De acordo com os dados dos Censos Agropecuários, as explorações com até dez hectares tiveram participação decrescente na área total: 3,1% em 1970, 2,8% em 1975 e 2,5% em 1980. O mesmo se dá com a participação das explorações de dez a 100 hectares, que cai de 20,4% em 1970 para 18,6% em 1975 e para 17,7% em 1980. Em compensação, cresce a participação dos estabelecimentos médios e grandes, especialmente a dos últimos. A dos estabelecimentos com mil e mais hectares sobe de 39,5% em 1970 para 42,9% em 1975 e 45,1% em 1980.

Essa tendência, em face da ausência de reforma agrária, resulta espontaneamente da penetração do capital na agricultura, sobretudo do capital das grandes empresas, que investiram amplamente em projetos agropecuários nas zonas de fronteira agrícola e em plantações de cana para a produção de álcool, incentivadas por generosos subsídios do erário público. Também a mecanização da lavoura, facilitada pela enorme expansão do cultivo de soja, durante a década 1970-80, favoreceu a concentração fundiária, na medida em que áreas maiores permitem o uso mais intenso da maquinaria. Conseqüentemente, a participação dos estabelecimentos pequenos, com até 50 ha, no valor da produção agropecuária cai de 47,6% em 1970 para 42,6% em 1975 e para 39,6% em 1980; em compensação, sobe a dos estabelecimentos médios e grandes, particularmente dos primeiros (de 50 a mil hectares), que passa de 39,5% em 1970 para 43,6% em 1975 e para 44,3% em 1980.

A passagem de uma parcela da produção dos estabelecimentos pequenos para os médios e grandes implica a transferência do pessoal ocupado na agricultura na mesma direção, com sensível transformação da estrutura de classes. Os produtores em pequenos estabelecimentos são, em geral, camponeses autônomos; os que trabalham em grandes propriedades tendem a ser assalariados, em boa parte temporários. Os "responsáveis [pela exploração] e membros não-remunerados da família", que constituem em sua maioria o campesinato, representavam 80,5% da força de trabalho agrícola em 1975; cinco anos depois, sua participação tinha caído para 73,9%. Em compensação, entre 1975 e 1980, aumentou a participação dos empregados permanentes (de 7,6% para 10,3%) e sobretudo a dos temporários (de 8,3% para 13,1%). Houve portanto a proletarização de uma parte da força de trabalho agrícola, o que deve ter sido o principal fator do aumento da pobreza no campo entre 1976 e 1980.

Convém notar que o número de empregados temporários sobe de 1.697 mil em 1975 para 2.768 mil em 1980, expandindo-se 63,1% em apenas um qüinqüênio. Essas cifras denotam o notável crescimento do número de trabalhadores diaristas, chamados de "volantes" ou "bóias-frias", que se deslocam pelo território para encontrar ocupação em diferentes safras. Esses trabalhadores ficam desempregados no período da entressafra e, até há pouco, careciam de organização sindical e não gozavam de qualquer benefício trabalhista que a legislação garante ao assalariado. É um tipo de pobre rural (mas que comumente mora em cidades) produzido pela grande expansão das plantações de cana e de cítricos, cuja colheita não é mecanizada. O crescimento do cultivo mecanizado da soja em áreas onde antes se praticava a cafeicultura produziu um excedente populacional, o qual (junto com excedentes de outras áreas) sustenta com o seu trabalho subpago a expansão dessas outras culturas, cujas safras ainda são manuais.

Em termos de padrão de vida, a redução da pobreza absoluta, iniciada em 1970-76, continuou em 1976-80, mas a um ritmo muito menor. Nas *cidades*, houve progresso significativo apenas no abastecimento de água corrente, que alcançava 89,9% dos domicílios, contra apenas 67,8% em 1976; já no que se refere a esgotos, o progresso foi muito menor: em 1980, estavam ligados à rede geral ou possuíam fossa séptica 58,1% dos domicílios, contra 53,5% em 1976; a instalação elétrica continua se generalizando, dispondo dela 91,3% dos domicílios em 1980, contra 84,9% em 1976. No que se refere aos bens duráveis de consumo, em 1980 dispunham de geladeira 65,7% dos domicílios, contra 60% em 1976; tinham televisão 73% dos domicílios, contra 66,4% em 1976; e automóvel, 28,2% dos domicílios, contra 24% em 1976.

No *campo*, a redução da pobreza prosseguiu em 1976-80 ao mesmo ritmo lento de 1970-76. A proporção de domicílios com água corrente passou de 13,7% em 1976 para 18,1% em 1980; a de domicílios ligados à rede de esgotos ou com fossa séptica passou de 4,6% para 7,5%; e a de domicílios com instalação elétrica cresceu de 19,2% em 1976 para 21,4% em 1980. O pequeno avanço nesse último aspecto limitou a difusão dos eletro e eletronodoméstico na zona rural: a proporção de domicílios com geladeira só cresceu de 9% em 1976 para 13,6% em 1980, e a de domicílios com televisão, de 9,6% em 1976 para 15,7% em 1980. Quanto ao automóvel, sua difusão também não foi muito grande: dele dispunham 6% dos domicílios em 1976 e 9,8% em 1980. Acima caracterizamos a pobreza, hoje em dia, como a privação de bens indispensáveis a um nível mínimo de vida normal, como geladeira e aparelho de televisão. De acordo com esse critério, a proporção de famílias pobres teria decrescido, entre 1976 e 1980, de 1/3 a cerca de 1/4, nas cidades, e de 90% para algo como 85% no campo. Portanto, também do ângulo do padrão de vida, em 1976-80, houve maior redução da pobreza na cidade do que no campo.

O período final do regime militar (1980-85)

Nesse subperíodo, a distensão "lenta e segura" prossegue até o seu fim lógico, a substituição do regime militar por um regime civil e democrático. Essa substituição se dá caracteristicamente às meias, isto é, não pela eleição direta de um novo presidente e de uma Assembléia Constituinte, como se fez em 1945 ou em outros países, como por exemplo em 1983 na Argentina, mas por uma eleição indireta, no Colégio Eleitoral formado no regime antigo. O novo regime civil adia a convocação da Constituinte e, portanto, a redemocratização completa do país, até 1987, de modo que a transição do Brasil do autoritarismo à democracia deverá – de acordo com o cronograma da autodenominada "Nova República" – estender-se por todo um mandato presidencial, de 1985 a 1989, quando se espera a posse do primeiro presidente escolhido em eleições diretas, desde 1960, já na vigência da nova Constituição.

Esse período final do regime militar é marcado pela crise econômica mais grave desde os anos 30. Suas causas são de caráter internacional, decorrentes da desorganização financeira que se instalou no sistema internacional de pagamentos, a partir do colapso das regras acertadas em Bretton Woods e que regularam esse sistema do fim da Segunda Guerra Mundial até 1971. Nesse ano, o Governo dos Estados Unidos repudiou seu compromisso de manter determinada paridade entre o dólar e o ouro, inaugurando assim o sistema das taxas cambiais flutuantes, que vigora até o momento. Neste sistema, os governos nacionais não se responsabilizam mais pelo valor externo de suas moedas, o que teve por conseqüência: a) intensa especulação, por parte de multinacionais, bancos centrais e bancos privados, além de indivíduos, com as principais moedas "fortes" (dólar, marco, iene, etc.) e b) internacionalização do sistema bancário, o qual constituiu um mercado internacional não-regulado de capitais, o chamado "euromercado".

Com o desenvolvimento do euromercado, ao qual acorreram capitais no valor de centenas de bilhões de dólares (sobretudo após a primeira elevação dos preços do petróleo, em 1973), os governos dos principais países capitalistas renunciaram paulatinamente à regulação de seus sistemas financeiros nacionais, forçados a tomar essa atitude por recorrentes "fugas de capitais", sempre que a taxa nacional de juros caía abaixo da vigente no euromercado. Daí resultou enorme afluxo de depósitos a curto prazo nos bancos internacionalizados, que estes trataram de encaminhar, a taxas flutuantes de juros, a países semi-industrializados da América Latina, do Sul e Leste da Europa e do Extremo Oriente. Essa foi a origem do superendividamento externo, que atingiu, ao longo dos anos 70, o Brasil, ao lado de dezenas de outros países.

Como vimos, a entrada maciça de empréstimos em dinheiro permitiu ao Brasil, entre 1974 e 1980, enfrentar a elevação dos preços do petróleo sem submeter então a economia a um "ajuste" recessivo. Mas, a partir de 1979, as taxas internacionais de juros começaram a subir e o Brasil passou a pagar o serviço da dívida externa com novos empréstimos em dinheiro, o que inevitavelmente acelerou o endividamento externo do país e o tornou totalmente dependente dos credores externos. Estes continuaram fornecendo empréstimos ao Brasil, mas em 1980 passaram a exigir que o Governo reequilibrasse as contas externas mediante políticas recessivas, o que efetivamente passou a ser feito a partir de 1981, desencadeando-se a referida crise.

A crise, causada pelo superendividamento externo, atingiu dezenas de países semi-industrializados e coincidiu com a mais grave recessão do pós-guerra no conjunto dos países capitalistas industrializados. O Brasil, como o maior devedor (ao lado do México) do Terceiro Mundo, foi duramente atingido, sendo obrigado a reduzir drasticamente seu nível de consumo, produção e emprego, de modo a obter saldos suficientes em seu comércio exterior para cobrir o pagamento dos juros devidos. A crise atingiu seu auge em agosto e setembro de 1982, quando o México foi obrigado a se declarar inadimplente (incapaz de atender a seus compromissos financeiros), o que levou imediatamente à suspensão, no euromercado, de todos os empréstimos novos aos países latino-americanos, tornando-os igualmente inadimplentes. Nessa emergência, os governos dos países credores se uniram para salvar seus bancos da bancarrota e impor aos governos dos países inadimplentes, através do FMI, políticas "saneadoras" que exacerbaram a inflação e aprofundaram a crise econômica nestes últimos. Vale notar que os governos dos países devedores aceitaram, apesar de alguns protestos verbais, essa imposição e – até o momento – se mostram incapazes de se unir numa contraproposta alternativa que não faça recair todo o ônus do ajustamento sobre seus povos.

Não cabe aqui uma descrição completa da crise, que só interessa na medida em que constitui o pano de fundo da evolução da repartição da renda de 1981 em diante. Basta notar suas dimensões mais gerais: entre 1980 e 1983, o produto real brasileiro caiu 3,8% e o produto real *per capita* diminuiu 10,6%. Houve, portanto, um severo empobrecimento do povo brasileiro nesses anos. A crise atingiu particularmente a indústria de transformação, cujo produto real diminuiu 12,2% entre 1980 e 1983, e a construção civil, que viu seu produto real contrair-se 18,5% nesse período. A agropecuária foi muito menos afetada, seu produto real apresentando mesmo um crescimento, modesto mas positivo, de 6% em 1980-83. Esses dados indicam que o efeito das políticas recessivas foi muito maior nas cidades do que no campo, concentrando-se sobretudo nos centros industriais.

Em 1984, graças ao espetacular crescimento da economia dos Estados Unidos, o Brasil pôde beneficiar-se de uma limitada recuperação, induzida essencialmente pelo aumento das exportações, sobretudo ao mercado daquele país. Essa recuperação, além de precária – pois depende de condições favoráveis no mercado mundial –, foi bastante modesta: o PIB cresceu, em termos reais, 4,5%, taxa inferior às alcançadas mesmo no período pós-"milagre", entre 1977 e 1980. Seja como for, a crise econôca propriamente dita se estendeu por três anos, de 1981 a 1983, que é o período para o qual analisaremos a evolução da repartição da renda, pois para 1984 ainda não se dispõem de dados.

A crise atingiu fundamentalmente o consumo de bens durávéis e o investimento, afetando sobretudo a indústria de bens de capital, de bens intermediários e da construção civil. A aguda contração da produção e do emprego nesses ramos industriais repercutiu por sua vez no resto da economia, afetando negativamente — mas com menor intensidade — a indústria de bens não-duráveis de consumo, o comércio e demais atividades.

A política salarial que vigiu nesse período permaneceu inalterada entre dezembro de 1980, quando foi promulgada a Lei 6.886, e fevereiro de 1983, quando o Governo baixou o primeiro de uma série de decretos-leis (nada menos que quatro, só em 1983), visando reduzir os reajustamentos salariais abaixo da variação do INPC. O arrocho salarial é parte importante da política de ajuste recessivo posta em prática desde 1981 e intensificada a partir do início de 1983, quando o Brasil passou a se submeter à supervisão do Fundo Monetário Internacional. A principal modificação da política salarial atingiu os trabalhadores que ganhavam até três salários mínimos e que recebiam reajustamentos 10% acima da variação do INPC; a partir de fevereiro de 1983, eles passaram a receber apenas o equivalente ao aumento do INPC, e a partir de agosto de 1983 o seu reajustamento caiu, assim como o de todos os demais assalariados, a 80% do INPC. Em novembro de 1983, os reajustamentos da faixa de até três salários mínimos voltaram a ser equivalentes à variação do INPC. Para os trabalhadores com ganhos de três a dez salários mínimos, que eram reajustados de acordo com o INPC até 1983, as alterações da política salarial acarretaram a redução de seus reajustamentos abaixo da variação do custo de vida. Para os assalariados com ordenados elevados, acima de dez salários mínimos, as normas da Lei 6.886, de 1980, não foram alteradas até agosto de 1983, quando na verdade os que ganhavam acima de 15 salários mínimos foram beneficiados, pois o Decreto-Lei 2.045 uniformizou os reajustamentos em 80% da variação do INPC para todos os assalariados. Em novembro de 1983, os reajustamentos na faixa de sete a 15 salários mínimos foram fixados em 60% da variação do INPC e, na faixa acima de 15 salários mínimos, em 50% daquela variação.

A instabilidade da política salarial, em 1983, foi causada pelas tentativas do Governo de restaurar o arrocho salarial, contra as quais se levantou a opinião pública, inclusive importantes setores patronais, que exigiam a baixa dos custos financeiros e não dos salários reais. Isso estimulou o Legislativo a opor resistência às propostas de política salarial do Executivo, que se viu obrigado a reformulá-las seguidamente. Como os decretos-leis do Executivo entravam imediatamente em vigor, até serem apreciados pelo parlamento, a política salarial foi modificada quatro vezes durante o ano de 1983 (e mais uma vez em novembro de 1984).

Entre 1980 e 1982, a legislação salarial em vigor favorecia a elevação dos salários baixos e a diminuição dos mais elevados, visando uma redistribuição da renda salarial para baixo. Durante 1983, a legislação passou a visar a diminuição de todos os salários, embora o peso do arrocho continuasse (exceto entre agosto e novembro) mais concentrado nas faixas mais elevadas de ganho.

Mas a política salarial não é o único fator que condiciona a repartição da renda. Como ela só se aplica aos empregados regularmente registrados, o próprio montante desses empregados na força de trabalho como um todo dá a amplitude da influência da legislação salarial sobre a repartição da renda. Ora, como a crise atingiu principalmente a grande indústria e a construção civil, o chamado *emprego formal* caiu como proporção da força de trabalho.

Entre 1980 e 1983, a força de trabalho brasileira cresceu 9,8%, passando de 39,7 para 43,6 milhões de pessoas. O emprego formal, registrado pela RAIS (Relação Anual de Informações Sociais), que é formada pelas informações que todas as empresas e entidades governamentais fornecem ao Ministério do Trabalho, cresceu no mesmo período apenas 4,0%, passando de 17,1 para 17,8 milhões de pessoas. O emprego formal abrangia 43% da força de trabalho em 1980 e apenas 40,8% em 1983. Dos 3,9 milhões de brasileiros que entraram no mercado de trabalho nesse período, apenas 0,7 milhão, ou 17,5%, conseguiu emprego regularmente registrado. Isso dá uma estimativa inicial da perda de empregos formais acarretada pela crise: se a proporção de pessoas formalmente empregadas na força de trabalho se tivesse mantido constante entre 1980 e 1983, o emprego total registrado pela RAIS deveria, nesse último ano, ter sido superior em *1 milhão* ao que realmente foi. Mas, na realidade, o emprego formal tende a crescer como proporção da força de trabalho quando a economia se desenvolve normalmente, de modo que a perda de empregos causada pela crise foi certamente superior a 1 milhão. Além disso, o emprego formal registrado pela RAIS tem aumentado também pelo crescimento da cobertura, isto é, pelo aumento do número de empresas e entidades já constituídas, que passam a fornecer as informações. O número de informantes cresceu de 902.069 para 1.012.094 entre 1980 e 1983. O próprio Ministério do Trabalho (1985) acredita que muitos desses 110 mil novos informantes não são estabelecimentos que foram criados entre 1980 e 1983, mas simplesmente passaram tardiamente a cumprir suas obrigações definidas pelo Decreto 76.900 de 1975. Dessa maneira, deve-se concluir que uma parte (cuja dimensão é impossível de se estimar) dos 700 mil novos empregos registrados pela RAIS entre 1980 e 1983 não é genuinamente nova, mas resulta do aumento da cobertura desse levantamento.

Interessa notar que, neste período de crise econômica, o emprego formal computado na RAIS apresenta fortes oscilações setoriais. Entre 1980 e 1983, ele caiu 14,9% na indústria, mas aumentou 44,1% na agricultura, 33,9% no Governo e 9,6% no comércio. Acontece que o número de informantes à RAIS aumentou, no mesmo período, 34,1% na agricultura, 48,6% no Governo e 15,4% no comércio, o que leva a crer que, em boa medida, essas grandes expansões do emprego são fictícias, devidas ao aumento de cobertura.

Mas a queda do emprego na indústria deve ser real, sendo particularmente severa na construção (-29,4%), na mecânica (-29,6%), na metalurgia (-25,1%), na tecelagem (-23,7%) e na indústria de material elétrico e de comunicações (-23,2%). Houve, em compensação, aumento do emprego na indústria de vestuário, calçados, etc. (+11,4%) e na de alimentos (+6,4%), entre os ramos industriais mais importantes. Esses dados mostram que o impacto da crise foi muito maior nas indústrias de bens duráveis, bens de capital e bens intermediários do que nas de bens não-duráveis.

Houve também aumento do emprego nos serviços (+5,8%)

entre 1980 e 1983, sobretudo nos serviços financeiros (+ 23,5%), embora nesses últimos parte do aumento possivelmente se deva ao crescimento da cobertura.

Como a grande indústria, que foi muito mais atingida pela crise, está em sua maior parte localizada no eixo São Paulo-Rio, o emprego registrado pela RAIS também mostra grandes oscilações regionais. Entre 1980 e 1983, ele aumentou 30,2% no Norte e Centro-Oeste, 19,0% no Nordeste, 17,9% em Brasília, 4,8% no Sul e 4,6% em Minas Gerais e Espírito Santo, tendo diminuído 2,5% em São Paulo e 1,9% no Rio de Janeiro.

Vejamos, então, como evoluiu a repartição da renda salarial registrada pela RAIS. Entre 1980 e 1983, a proporção que ganhava até três salários mínimos caiu de 68,1% para 67,1%, crescendo a dos que ganhavam de três a dez salários mínimos de 26,3% para 26,9%, e a dos que ganhavam mais de dez salários mínimos, de 5,6% para 6%. Como se vê, a mudança na repartição foi mínima, afetando apenas cerca de 1% do total de empregados. O Ministério do Trabalho (1985) atribui a diminuição da parcela dos que ganham salários mais baixos "à queda do nível de emprego para os jovens e os trabalhadores não qualificados que usualmente estão localizados na base da pirâmide de remunerações" (Caderno C, p. 8).

Na verdade, há no intervalo entre 1980 e 1983 dois movimentos na estrutura salarial registrada pela RAIS. Um entre 1980 e 1982, quando o salário mínimo é mantido mais ou menos constante em termos reais (ele aumenta 1,7% em 1981 e 1,0% em 1982) e a legislação salarial garante reajustamentos de 110% do INPC aos que ganham até três salários mínimos. Entre 1980 e 1982, a proporção dos que ganhavam até dois salários mínimos cai de 49,8% para 47,0%, aumentando a proporção de todas as demais faixas: de 18,3% para 19,1% da faixa de dois a três salários mínimos; de 26,3% para 27,9% da faixa de três a dez salários mínimos; e de 5,6% para 6% da faixa de dez salários mínimos e mais. Entre 1982 e 1983, esse movimento se inverte. A legislação salarial deixa, como vimos, de redistribuir renda para baixo e o salário mínimo perde 8,8% de seu poder de compra. Além disso, a proporção dos que ganham até dois salários mínimos volta a subir, de

47% em 1982 para 48,5% em 1983, com queda na proporção das faixas seguintes, exceto a última, de dez salários mínimos e mais, que se conserva em 6%.

Isso significa que, até 1982, o impacto da crise sobre os trabalhadores do setor formal se fez sentir sob a forma de desemprego, mas não de queda do salário real. Antes pelo contrário, o efeito da legislação salarial, e provavelmente do poder dos sindicatos, logrou elevar um pouco os ganhos dos trabalhadores de menor remuneração. O ganho médio dos quase 2/3 de empregados com até três salários mínimos aumentou 2,1% em termos reais, entre 1980 e 1982 – avanço pequeno, mas não desprezível em tempo de crise. Em 1983, o ganho desse grupo cai 11,1%, em termos reais, em relação ao ano anterior, em função da perda de valor real do salário mínimo e da redução dos reajustamentos salariais abaixo do aumento do INPC. Em 1983, a crise se fez sentir duplamente para o trabalhador do setor formal: pela queda do seu ganho e pelo aumento do desemprego.

Curiosamente, quando se passa do setor formal, registrado pela RAIS, para o conjunto da população com renda, a situação muda completamente. Usaremos, para a população total, os dados da PNAD, de 1979 a 1983, sem considerar os do Censo Demográfico de 1980, que não são estritamente comparáveis com aqueles. Em 1979 e 1982, a proporção de pessoas com renda individual até um salário mínimo *aumenta* de 31,1% para 36,6% nas cidades e de 57,8% para 65,0% no campo. Naturalmente, as proporções com ganhos mais elevados caem, tanto na zona urbana como na rural.

Essa queda no nível de renda individual se traduz em aumento da pobreza, refletido na renda familiar. Com efeito, a proporção de famílias abaixo da linha de pobreza de dois salários mínimos de renda familiar passa de 41% em 1979 para 39,9% em 1981 e para 46,2% em 1982. Especificamente, entre 1981 e 1982, mais de 6% das famílias brasileiras caem abaixo da linha de pobreza.

O que se passa entre 1982 e 1983 já é mais ambíguo, pois o próprio salário mínimo perde 8,8% de seu valor real. O fato é que, em termos de renda individual, a proporção com até um salário mínimo diminui de 36,6% para 33,4% nas cidades e de 65,0% para 61,4% no campo. Em termos de renda familiar, a proporção de famílias pobres (com até dois salários mínimos) também cai de 46,2% para 40,8%. Se o salário mínimo tivesse sido mantido em termos reais, poder-se-ia imaginar que mais de 5% das famílias voltaram a emergir da pobreza entre 1982 e 1983. Mas, como o salário mínimo se depreciou, é difícil concluir se a proporção de pobres sofreu alguma mudança entre 1982 e 1983.

A única conclusão que se pode tirar da comparação dos dados da PNAD com os da RAIS é que, no período 1970-80 a 1982, a pobreza no Brasil aumentou em conseqüência do crescimento do setor informal. Beneficiados pela legislação salarial e pela atividade de seus sindicatos, os trabalhadores que puderam conservar seus empregos no setor formal puderam manter e – os de baixa remuneração – até aumentar um pouco sua renda real. Mas as centenas de milhares que perderam seus empregos no setor formal e os milhões que, não fosse a crise, teriam ingressado nele – estes foram obrigados a achar alguma forma de sobreviver em atividades "informais". Como no Brasil não havia – e nem há ainda – qualquer auxílio aos desempregados, aqueles que não encontram quem lhes queira comprar a força de trabalho nos termos da legislação trabalhista não têm outra alternativa a não ser disputar com outros integrantes do subproletariado os precários ganhos de atividades ocasionais ou cronicamente sub-remuneradas.

Integravam o setor informal, medido pela diferença entre o número de pessoas ocupadas registrado pelo Censo ou pela PNAD e o registrado pela RAIS, 23,6 milhões de pessoas em 1980 e 24,7 milhões em 1982. Mas, como o total da RAIS cresceu nesse período, em boa parte como conseqüência do aumento da cobertura, conforme se viu acima, o tamanho do setor informal é certamente *menor* em 1980 do que os 23,6 milhões indicam, o que significa que o seu crescimento, em 1980-82, é com certeza *maior* do que 1,1 milhão dado pelos números acima. O que interessa é que o setor informal, nesse período, cresceu mais nos ramos de atividade atingidos pela crise: o número de ocupados informais subiu, entre 1980 e 1982, de 4.954 mil para 6.458 mil na prestação de serviços, de 1.969 mil para 2.321 mil na indústria de transformação e de 1.932 mil para 2.399 mil no comércio, crescendo muito menos na construção (de 2.156 mil para 2.391 mil) e decrescendo na agricultura (de 10.245 mil para 9.613 mil). Pode-se observar que os que perderam seus empregos formais na indústria de transformação acabaram, juntamente com muitos que entraram nesses anos no mercado de trabalho, encontrando refúgio na prestação de serviços (muitas mulheres sobretudo no serviço doméstico, todo ele informal), no comércio (provavelmente no comércio de rua) e na própria indústria de transformação. É interessante notar que, dos ocupados nesse ramo, 28,6% estavam no setor informal em 1980 e 33,7% em 1982. O que deve ter acontecido é que muitos operários, despedidos das fábricas, para sobreviver montaram pequenas oficinas ou continuaram a trabalhar sem registro no mesmo ramo.

A queda no setor informal representa, quase sempre, uma redução violenta do ganho da pessoa, pois as atividades-refúgios já são em geral mal pagas e o ganho cai ainda mais quando elas ficam abarrotadas por efeito da crise. Os dados confirmam a estreita interligação entre aumento do setor informal e aumento da pobreza. Entre 1979 e 1982, o número de pessoas, na zona urbana, com renda até um salário mínimo cresceu de 2.816 mil, dos quais 42,7% estavam ocupados na prestação de serviços, 14,7% no comércio, 13,1% na construção e 9,8% na indústria de transformação. Certamente, não é coincidência que os ramos mais importantes do setor informal urbano e que mais aumentaram o número de ocupados informais também tenham sido os que respondem por mais de 80% do aumento de trabalhadores que sequer ganham o salário mínimo, entre 1979/80 e 1982.

Já no período seguinte, em 1983, o empobrecimento se generaliza em conseqüência da queda do salário mínimo real e da remuneração dos assalariados do setor formal. O próprio Ministério do Trabalho (1985) conclui que "a redução de 3,6 para 3,5 SM [salários mínimos] entre 1982 e 1983 representa uma diminuição real de 11,3% na remuneração média no período" (p. 5). Vimos acima que os assalariados com até três salários mínimos perderam, no mesmo período, 11,1% em termos reais do seu ganho médio. Houve, portanto, em 1983, um arrocho salarial que atingiu de modo semelhante as diversas faixas de remuneração dos que estavam inseridos no setor formal.

Ao lado do arrocho salarial, que afetou principalmente o setor formal, o empobrecimento também foi agravado pelo desemprego, que deve, em princípio, ter ampliado o setor informal. Entre 1982 e 1983, o total de empregos registrados pela RAIS cai pela primeira vez, desde 1980, em termos absolutos, de 17.959 mil para 17.766 mil. Como a cobertura da RAIS continuou crescendo – o número de empresas informantes passou de 985.972 em 1982 para 1.012.094 em 1983 –, é provável que a perda de postos de trabalho no setor formal tenha sido maior que os quase 200 mil indicados pelas cifras acima. De fato, de acordo com a PNAD, o número de empregados com carteira de trabalho assinada diminuiu, entre 1982 e 1983, de 691 mil, passando de 17.320 mil para 16.629 mil.

Medido pela diferença entre os totais registrados pela PNAD e pela RAIS, o tamanho do setor informal teria passado de 24.742 mil em 1982 para 25.808 mil em 1983, o que representa um aumento modesto de pouco mais de 1 milhão, inferior mesmo ao ocorrido entre 1981 e 1982. Acontece que o total de pessoas ocupadas com renda, registrado pela PNAD, cresceu apenas 2% em 1983, quando tinha crescido 4,9% no ano anterior. Daí, pode-se deduzir que grande parte dos que perderam seus empregos no setor formal ou foi para o setor informal, mas por algum motivo não foi computado pela PNAD, ou permaneceu de fato inativa, ampliando o desemprego aberto.

O desemprego, medido pela PNAD como diferença entre o total de pessoas ativas e o de ocupadas, passa de 2.023.116 em 1981 para 1.958.885 em 1982 e para 2.474.207 em 1983. O montante de desempregados entre 1981 e 1982 diminuiu 3,2%, mas, entre 1982 e 1983, ele aumentou 26,3%. Está claro que, em 1983, houve sensível crescimento do desemprego aberto, isto é, do número de pessoas em busca ativa de trabalho. Mas, além disso, deve ter aumentado o número dos "desalentados", que já desistiram de procurar trabalho, após tentar debalde por algum tempo. Estes acabam sendo classificados pela PNAD como não-ativos. Um grupo particularmente atingido pelo desalento é o dos jovens que terminam a escola e entram no mercado de trabalho, sem chances de conseguir emprego. Na população urbana, a proporção de ativos entre os jovens de 15 a 19 anos caiu de 52,3% em 1982 para 50,3% em 1983. Na população rural, essa mesma proporção (ativos no grupo de 15 a 19 anos) subiu de 65,8% para 68% entre 1982 e 1983. Como a crise teve lugar predominantemente nas cidades, a queda da taxa de participação entre os jovens urbanos provavelmente indica um aumento do número de desempregados ocultos, isto é, desalentados, ao menos nesse grupo.

Há que concluir, pois, que em 1983 o empobrecimento nas cidades se acentuou, como resultado do arrocho salarial e da eliminação de postos de trabalho no setor formal, que teve por conseqüência o aumento do desemprego aberto, possivelmente do oculto, e do número de pessoas no setor informal. Neste último, entre 1982 e 1983, caiu a participação da agricultura (de 38,9% para 34,3%), subindo a da construção (de 9,7% para 15,4%). Na construção, o número de trabalhadores *sem* carteira de trabalho assinada, segundo a PNAD, mais que dobrou, passando de 944.346 em 1982 para 2.438.385 em 1983. Tudo leva a crer que trabalhadores despedidos do setor formal acabaram se engajando como "peões" na construção civil, em grande número. Fizeram-no, porém, com forte redução de seus ganhos. Em 1982, estavam com *até meio* salário mínimo 154 mil pessoas ocupadas na construção; em 1983, esse total passou a 1.404 mil. Esses dados ilustraram dramaticamente o empobrecimento causado pela transferência de centenas de milhares de pessoas do setor formal ao informal.

Finalmente, cabe observar que, do ponto de vista do nível de vida, houve poucas mudanças significativas entre 1981 e 1983. *Nas cidades,* cresceram um pouco as proporções de domicílios: a) ligados à rede de esgotos ou com fossa séptica (de 56,8% para 60,4%); b) com canalização interna de água (de 75,5% para 78,2%); c) com energia elétrica (de 92,0% para 93,4%); e d) com geladeira (de 70,6% para 73,3%). No *campo,* essas proporções cresceram um pouco mais: a) ligados à rede de esgotos ou com fossa séptica (de 5,5% para 6,6%); b) com canalização interna de água (de 19,3% para 20,6%); c) com energia elétrica (de 27% para 32,3%) e d) com geladeira (de 17,4% para 21,4%). Em compensação, as taxas de alfabetização da população com dez anos e mais quase não se moveram: passaram de 82,5% em 1981 para 83,3% em 1983, na zona urbana; e ficaram em 56%, nesse período, na zona rural.

Por esses dados – os únicos disponíveis, da PNAD –, a crise só teve por efeito desacelerar o ritmo de queda da pobreza nas cidades, onde aproximadamente 1/5 da população continua sem saber ler e escrever e mais 1/4 sequer dispõe de geladeira; a crise não parece ter afetado a população do campo, entre a qual a pobreza continua declinando, embora quase metade ainda seja analfabeta e quase 4/5 não disponham de água corrente nem de geladeira.

Quanto às classes média e rica, suas parcelas descrevem o mesmo movimento: caem entre 1979 e 1982 e retornam ao nível original em 1983. Entre 1979 e 1982, a proporção de famílias com cinco a dez salários mínimos de renda cai de 15,7% para 13,6%, e a de famílias com mais de dez salários mínimos cai de 11,0% para 8,7%. Observando-se a repartição da renda das pessoas ocupadas por ramos de atividade, verifica-se que a diminuição dos grupos com cinco a dez e mais de dez salários mínimos é particularmente severa na agricultura, no comércio, na construção e na prestação de serviços. Nesses ramos, a parcela de empregados com carteira assinada é bem menor do que em outros, nos quais os grupos de renda de cinco salários mínimos e mais caem menos, como por exemplo nas "outras atividades" (em que predomina o setor financeiro) e na atividade "social" (saúde, educação). Conclui-se, portanto, que a redução das parcelas de famílias de renda média e alta, entre 1979 e 1982, deve-se menos a mudanças no setor formal do que à perda de renda da pequena burguesia e da burguesia comercial, agrícola, etc., em função da crise econômica que se desencadeou no país de 1981 em diante.

Entre 1982 e 1983, a proporção de famílias com renda de cinco a dez salários mínimos cresceu de 13,6% para 15,6%, e a de famílias com mais de dez salários mínimos subiu de 8,7% para 11,1%. Examinando-se a repartição da renda das pessoas ocupadas, por ramo de atividade, nota-se que os grupos de cinco a dez e de mais de dez salários mínimos que mais aumentaram nesse período estavam na agricultura, no comércio e na prestação de serviços, tendo crescido proporcionalmente menos na indústria de transformação, na atividade "social" e nas "outras atividades". Em outras palavras, o crescimento das classes de renda média e alta, em 1982/83, se deu sobretudo em ramos que estão predominantemente no setor informal e menos nos que compõem o formal (no qual se destaca a indústria de transformação). Isso leva a crer que, em 1983, o pequeno e médio empresariado agrícola, comercial e de serviços conseguiu preservar sua renda, e, como o limite das classes, medido em salários mínimos, cai em valor real, o seu número nos níveis acima de cinco salários mínimos aumentou.

Em suma, a queda e a recuperação das camadas de renda média e alta parecem resultar da *contrapartida* dos movimentos do salário real no setor formal da economia. Em 1979/82, a pressão do movimento operário e a legislação salarial condicionaram o crescimento dos salários baixos e médios no setor formal, resultando em conseqüência a redução dos grupos de renda familiar acima de cinco salários mínimos, sobretudo nos ramos em que predomina a produção simples de mercadorias e o capital concorrencial. Em 1982-83, a mudança na legislação salarial e o enfraquecimento do movimento operário levaram à queda do salário real no setor formal, beneficiando aparentemente, em termos relativos, os mesmos setores que tinham perdido renda real nos anos anteriores.

Essas hipóteses são confirmadas pelas mudanças na composição social dos grupos de pessoas ocupadas com renda média e alta. No grupo de cinco a dez salários mínimos de renda, a proporção de autônomos caiu de 21,4% em 1979 para 18,4% em 1982 e depois voltou a subir para 23,0% em 1983; a proporção de empregados descreveu movimento inverso: subiu de 63,6% em 1979 para 66,7% em 1982 e depois caiu para 64,1% em 1983; a proporção de empregadores pouco mudou de 1979 (15,0%) para 1982 (14,9%), e depois caiu para 12,8% em 1983. Confirma-se pois que as condições favoráveis no setor formal levaram à expansão dos empregados nesse grupo de renda média, entre 1979 e

1982, e que a mudança daquelas condições, em 1983, condicionou a sua queda, favorecendo sobretudo a pequena burguesia, que aumentou sua participação no mesmo grupo também à custa dos empregadores.

No grupo de mais de dez salários mínimos, a evolução foi semelhante: entre 1979 e 1982, aumento da proporção de empregados (de 60,0% para 64,9%) com queda da de autônomos (de 15,1% para 12,9%) e da de empregadores (de 24,9% para 22,2%); entre 1982 e 1983, queda da proporção de empregados (de 64,9% para 62,4%), aumento da de autônomos (de 12,9% para 15,6%) e manutenção, ao redor de 22%, da de empregadores. O grande aumento da proporção de empregados, entre 1979 e 1982, mostra que a legislação salarial então em vigor, apesar de determinar reajustamentos inferiores ao INPC para os salários acima de dez mínimos, não afetou a participação dos assalariados no grupo de renda alta, mesmo porque, graças aos reajustamentos de 110% do INPC sobre a faixa até três salários mínimos, os que ganhavam até 11 salários mínimos não sofriam perda de renda real. A queda dessa proporção, em 1983, deve ser atribuída à redução dos reajustamentos em todas as faixas e possivelmente à rotatividade, pois muitas empresas aproveitaram o desemprego da mão-de-obra técnico-administrativa para substituir empregados com altos ordenados por outros mais "baratos".

Cumpre observar que a proporção de empregadores cai ao longo de todo o período 1979-1983, tanto no grupo de cinco a dez salários mínimos como no de mais de dez salários mínimos, o que mostra que a crise econômica, a partir de 1981, atingiu de modo mais severo o capital concorrencial do que os operadores autônomos de renda média e alta.

Para concluir

Depois da análise de tantos números, porcentagens e tendências, o que se pode concluir sobre o acontecido com a pobreza e a riqueza, no Brasil, durante o regime militar? Bem, é claro que *a proporção de pobres diminuiu,* de mais de 2/3 das famílias até 1970 para cerca de 2/5 no início dos anos 80. Naturalmente, *aumentou a proporção de ricos,* de 1,5% para cerca de 11% das famílias, assim como a da *"classe média"*, de 3,7% para 15,6% das famílias, no mesmo período. O que menos aumentou foi a proporção de famílias com *renda baixa, mas acima da linha de pobreza,* de dois a cinco salários mínimos, que passou de 23,5% em 1970 para 32,5% em 1983.

Durante o período do regime militar, a economia brasileira cresceu notavelmente, embora de modo descontínuo. Entre 1964 e 1983, a renda *per capita* em termos reais praticamente dobrou, de acordo com as estimativas da FGV. Nessas condições, a proporção de pobres teria que diminuir, a não ser que *todo* o acréscimo de renda fosse apropriado pela pequena minoria (5%) de famílias de renda média e alta, o que seria no mínimo altamente improvável. O desenvolvimento da nossa economia se deu mediante maciça transferência de famílias do campo à cidade, o que, por si só, já requeria uma elevação da renda monetária de grande número delas. Além disso, houve redução da pobreza na zona rural, onde a proporção de famílias com renda até um salário mínimo caiu de 69% em 1970 para 41,8% dez anos depois. Nas cidades, a proporção de famílias pobres (com renda até dois salários mínimos) também diminuiu, no mesmo período, de 53% para 32,5%.

O fato importante é que essa redução da pobreza absoluta, durante o regime militar, foi muito menor do que poderia ter sido, em face do grande desenvolvimento da economia nacional. Se esse desenvolvimento se tivesse pautado por critérios de justiça social, em lugar do grande aumento das classes rica e média teria havido maior expansão do grupo de renda familiar de dois a cinco salários mínimos, o que teria reduzido muito mais a proporção de pobres. Em outras palavras, se as classes rica e média, cuja proporção conjunta passou de 5,2% em 1970 (e era certamente ainda menor em 1964) para 26,6% em 1983, tivessem crescido para "apenas", digamos, 10%, *todos* os restantes 90% de famílias poderiam estar hoje acima da linha de pobreza.

Isso não acontece porque – exceto no curto intervalo entre 1979 e 1982 – as políticas aplicadas à repartição da renda tendiam basicamente a concentrá-la. A feroz repressão ao movimento operário e ao movimento camponês, a abolição da barganha coletiva dos reajustamentos salariais, a desvalorização do salário mínimo, em termos absolutos no início (entre 1964 e 1968) e em termos relativos durante *todo* o período – tudo isso combinadamente fez com que a remuneração da grande maioria dos trabalhadores fosse mantida no mesmo baixo patamar. Resultou daí que os mecanismos de mercado encaminhassem a maior parte do imenso acréscimo de renda à minoria que usufrui rendas de propriedade, sob a forma de lucros, dividendos, juros, aluguéis e sobretudo altos ordenados. Como se viu no capítulo anterior, as grandes empresas, públicas e privadas, nacionais e estrangeiras, estão na posse de seus administradores, os quais, ao fixarem seus próprios ordenados, partilham com os proprietários legais – os acionistas – os lucros das mesmas. O regime militar fez com que o intenso desenvolvimento das forças produtivas multiplicasse o número de famílias que compõem a classe média e sobretudo a rica, mantendo desnecessariamente mais de 2/5 das famílias abaixo da linha de pobreza.

E é possível mesmo que a proporção de pobres seja até maior, pois utilizamos como linha de pobreza dois salários mínimos de renda familiar nas cidades e um salário mínimo no campo, durante um período em que o valor do salário mínimo em relação ao PIB *per capita* caiu a pouco mais de 1/4 do seu nível inicial. Explicitando: o salário mínimo valia 1,64 do PIB *per capita* em 1964 e apenas 0,44 do mesmo em 1983. Isso significa que, em relação às necessidades normais de consumo, determinadas pelo padrão de vida *médio*, os 40,8% das famílias que, em 1983, tinham renda até dois salários mínimos eram muito mais pobres do que os 68% das famílias que, em 1970, estavam na mesma situação. Ou, por outro lado, que, se os 23,5% das famílias que, em 1970, tinham dois a cinco salários mínimos de renda podiam satisfazer suas necessidades básicas, isso poderia não ser verdade para os 32,5% das famílias que, em 1983, estavam na mesma situação.

É preciso convir, porém, que certos indicadores de consumo básico tiveram considerável aumento durante o regime militar. No que se refere ao *saneamento*, a proporção de domicílios com água corrente aumentou, entre 1960 e 1983, de 3,4% para 21,8% no campo e de 47,2% para 78,2% nas cidades; e a de domicílios ligados à rede de esgotos ou com fossa séptica passou de 3,0% para 6,6% no campo e de 47,2% para 60,4% na cidade. Nesse aspecto, a situação melhorou nitidamente nas áreas urbanas, embora ainda deixe muitíssimo a desejar nas áreas rurais. O progresso foi maior em relação aos domicílios com *instalação elétrica,* cuja proporção, entre 1960 e 1983, passou de 72,4% para 93,4% nas cidades e de 8,4% para 32,3% no campo. Ele permitiu maior difusão de aparelhos domésticos eletrônicos e elétricos, como por exemplo a geladeira, a qual passou a ser usada em 73,3% dos lares urbanos e 21,4% dos rurais, em 1983, em contraste com, respectivamente, 23,3% e 1,3%, 23 anos antes.

Finalmente, a alfabetização também avançou na população de dez anos e mais, atingindo 83,3% dos moradores das cidades e 56% dos do campo em 1983, contra, respectivamente, 78,2% e 44,2% em 1960. Estes dados mostram que houve algum aumento de escolarização básica, embora muito modesto se comparado com o enorme avanço econômico ocorrido nesse quase quarto de século.

Em suma, durante o regime militar, indiscutivelmente o Brasil enriqueceu enquanto nação e eliminou parte de sua pobreza absoluta – parte essa relativamente pequena em face de tal enriquecimento. A redução da pobreza absoluta foi tão limitada *porque* o regime militar propiciou extraordinário crescimento das classes média e rica. A experiência histórica demonstra que, em toda parte, o desenvolvimento capitalista tende muito mais a multiplicar o número de ricos do que a reduzir a proporção de pobres. Mas a análise do que ocorreu no Brasil, sob o regime militar, demonstra também que essa tendência inerente ao capitalismo pode ser contida ou exacerbada pelas condições políticas que balizam o desenvolvimento.

Argumenta-se, às vezes, que a grande expansão das classes média e rica foi "necessária" para criar um potente mercado interno para bens duráveis de consumo, cuja produção liderou o crescimento da economia no período em questão. Esse raciocínio contém duas falhas. *Primeira:* uma renda mais bem distribuída suscitaria uma expansão *ainda maior* do mercado interno de bens de consumo duráveis e não-duráveis, pois a propensão a consumir dos que emergem da pobreza é certamente maior que a dos que penetram em elevados níveis de renda. Indubitavelmente, uma renda menos concentrada daria lugar a um crescimento maior da procura por bens de consumo baratos em vez de caros – digamos, de geladeiras em vez de automóveis ou de aparelhos de TV em preto e branco em vez de coloridos ou de vídeo-cassetes, o mesmo valendo para alimentos, roupas, artigos de limpeza, etc. Mas nada demonstra que o desenvolvimento, mesmo capitalista, tenha que se basear em mercados de bens e serviços sofisticados. Em muitos países, esse desenvolvimento fundamentou-se no consumo de massa de bens e serviços ordinários, o que de modo algum diminuiu o vigor da acumulação de capital. Tomar o que foi como tendo "necessariamente" que ser revela um fatalismo injustificado, que a história de nossos dias desmente a cada passo. *Segunda:* quando os termos de intercâmbio externo pioraram para o Brasil, a partir de 1974, o "modelo" concentrador da renda praticado pelo regime militar agravou a situação, tornando o ajustamento da economia às novas circunstâncias internacionais muito mais difícil. Isso se deu porque o conteúdo importado no consumo das classes de renda alta e média é sabidamente muito maior que no das classes de renda baixa. É óbvio que os usuários de automóveis, por exemplo, consomem muito mais divisas estrangeiras do que os usuários de bicicletas ou de transporte coletivo. O Brasil viu-se coagido a elevar o montante de suas exportações a custos ruinosos, num período em que o mercado mundial estava em recessão, por ter acumulado uma dívida externa enorme, a qual serviu, em boa parte, para sustentar o padrão de vida das classes rica e média, grandemente expandidas pela concentração da renda. Esta foi, portanto, nada funcional para o desenvolvimento do país, sobretudo na segunda metade do período do regime militar.

IV. A Desigualdade na Repartição da Renda

Vimos, no primeiro capítulo, que a desigualdade na repartição da renda é medida através da comparação das parcelas da renda total (soma das rendas individuais ou familiares) obtidas por determinadas frações da população de pessoas ou famílias. A partir dos censos demográficos ou da PNAD, indivíduos ou famílias são ordenados, do mais pobre ao mais rico, e depois divididos em grupos, calculando-se a participação de cada um na renda total, e a sua renda real média. O procedimento padrão é dividir a população em dez grupos iguais, chamados *decis*, sendo o último decil, o de renda mais alta, ainda subdividido nos 5% mais ricos (escreve-se: 5^+) e no 1% mais rico (1^+).

Aproveitando essa divisão, estudaremos a participação na renda total e a evolução da renda real dos seguintes grupos:

a) os três decis formados pela soma do sétimo, oitavo e nono. No Brasil, esses três decis obtêm ao redor de 30% da renda total, ou seja, sua parcela da renda total é bem próxima da parcela de 30% que representam da população. A renda média desses três decis é, portanto, igual ou pouco maior que a renda média de toda a população. Esses decis, que denominaremos "30% médios", constituem o divisor entre os 60% que estão abaixo deles e os 10% que estão cima, os primeiros com cerca de 1/3 da renda média de toda a população e os últimos com quatro a cinco vezes a mesma.

b) os primeiros seis decis (60^-), que constituem o conjunto dos pobres, cuja renda média é bem menor que a da população. Mesmo o sexto decil, o menos pobre dos seis, tem uma renda média que é apenas 50 a 60% da renda média da população. Denominaremos esses seis decis "os 60% mais pobres".

c) o último decil (10^+), constituído pelas pessoas ou famílias de renda mais elevada. Quando for o caso, destacaremos ainda os 5% e o 1% de renda mais elevada. Denominaremos esses grupos "os 10% mais ricos", "os 5% mais ricos" e "o 1% mais rico".

1960-1970: o crescimento da desigualdade

Para a década de 60, dispomos unicamente de dados sobre a repartição da renda na população economicamente ativa (excluídas as pessoas ativas sem rendimento), nos anos censitários de 1960 e 1970. Os dados do Censo Demográfico de 1960 já revelavam a enorme distância que separava pobres e ricos. Os 10% mais ricos se apropriavam de 39,6% da renda total, usufruindo cerca de quatro vezes a renda média da população, ao passo que os 60% mais pobres recebiam 24,9% da renda total, com uma renda igual a pouco mais de 40% da média global. A renda média dos 10% mais ricos era *quase dez vezes* maior que a dos 60% mais pobres.

Em 1970, a desigualdade havia aumentado ainda mais. A parcela dos 10% mais ricos aumentara para 46,7% e a dos 60% mais pobres diminuíra para 20,9%; a dos 30% médios também caiu um pouco, de 35,5% em 1960 para 32,4% em 1970. A renda média de toda a população cresceu em termos reais, nesse década, 32,9%; a dos 10% mais ricos, no entanto, cresceu 56,7%, ao passo que a dos 60% mais pobres só aumentou 12,5%. Obviamente, a distância entre ricos e pobres se ampliou ainda mais: a renda dos primeiros em 1970 era *13,4 vezes* maior que a dos últimos.

Esses dados mostram claramente os resultados da política de arrocho salarial e desvalorização do salário mínimo praticada pelo regime militar. Os ganhos dos anos iniciais do "milagre econômico" (1968-1970) foram quase integralmente apropriados pelos 10% mais ricos e, dentro desse grupo, pelos subgrupos de renda ainda mais elevada. A parcela da renda total dos 5% mais ricos subiu de 28,3% em 1960 para 34,1% em 1970, e a do 1% mais rico subiu de 11,9% em 1960 para 14,7% em 1970. A concentração da renda *dentro* do grupo dos 10% mais ricos fica evidente comparando-se as taxas de crescimento das rendas reais entre 1960 e 1970: 56,7% dos 10% mais ricos, 60,4% dos 5% mais ricos e 63,1% do 1% mais rico. A renda média do 1% mais rico era *28,7 vezes* maior que a dos 60% mais pobres, em 1960; dez anos depois, tornara-se *42,2 vezes* maior.

O crescimento livre da economia capitalista no Brasil – livre das reivindicações dos trabalhadores das cidades e do campo – tornou-nos campeões mundiais da desigualdade. Apesar de a renda média de toda a população ter crescido de quase 1/3, a pobreza absoluta praticamente não diminuiu na década de 60, como se viu no capítulo anterior. Conseqüentemente, a pobreza relativa cresceu de modo desmesurado.

É interessante notar que o aumento da desigualdade, nos anos 60, se deu sobretudo nas atividades urbanas, sendo bem mais limitado na agricultura. Já em 1960, o grau de desigualdade era maior no setor urbano em comparação com o "primário", como o denomina Langoni (1973, pp. 68 e 70). No primeiro, os 10% mais ricos se apropriavam de 37,6% da renda total e os 60% mais pobres, de apenas 27,0%; no segundo, essas proporções eram, respectivamente, 33,0% e 29,9%. A renda média dos 10% mais ricos era, em 1960, *8,4 vezes* maior que a dos 60% mais pobres nas cidades, e "apenas" *6,6 vezes* maior no campo.

Entre 1960 e 1970, a desigualdade na repartição da renda *urbana* cresceu tanto quanto na total: a parcela da renda total dos 10% mais ricos subiu de 37,6% para 44,7%, e a dos 60% mais pobres caiu de 27,0% para 22,1%. Nesta década, a renda real média dos primeiros cresceu 63,9%, ao passo que a dos últimos aumentou somente 12,7%. A dos 5% mais ricos cresceu ainda mais (74,4%), embora a do 1% mais rico tenha crescido menos (48,3%).

Essa evolução contrasta com a do setor "primário", no qual a parcela dos 60% mais pobres na renda total praticamente não mudou (29,9% em 1960 e 29,6% em 1970), tendo havido pequeno decréscimo na dos 30% médios (de 37,2% para 34,1%), o que permitiu o aumento da dos 10% mais ricos (de 33,0% para 36,3%).

O fato fundamental é que, entre 1960 e 1970, a renda real urbana cresceu muito mais (42,1%) que a "primária" (14,0%). No campo, a renda real dos 60% mais pobres cresceu apenas um pouco mais que a total (15,6%), ao passo que a dos 30% médios cresceu menos (5,6%) e a dos 10% mais ricos se expandiu mais (26,8%). Na agricultura, a desigualdade aumentou à custa dos 30% médios. Nas atividades urbanas, a desigualdade aumentou muito mais, e à custa, principalmente, dos 60% mais pobres.

Esses dados confirmam a hipótese de que a concentração da renda, entre 1960 e 1970, foi devida, em grande medida, à política de arrocho salarial, que teve efeitos sobretudo no mercado de trabalho urbano. Nesse período, o crescimento da renda real foi predominantemente urbano e se realizou de forma extremamente concentrada, como os dados indicam, dando lugar ao aumento da desigualdade.

1970-80: aumento e declínio da desigualdade

1970-76: O "milagre econômico"

Neste período, há dados sobre a repartição da renda da população economicamente ativa (excluídos os ativos sem renda) para os anos de 1970, 1972, 1976 e 1980, e sobre a repartição da renda das famílias para os anos de 1970, 1976 e 1980.

Os primeiros indicam que a renda continuou a se concentrar pelo menos até 1972. Entre 1970 e 1972, a parcela da renda total dos 10% mais ricos subiu de 46,7% para 52,6%, ao passo que a dos 60% mais pobres caiu de 20,9% para 16,8%; a dos 30% médios também diminuiu de 32,4% para 30,6%. Nesse período de apenas dois anos, a renda real da população cresceu 48,8%, ou seja, cerca de 50% mais que nos dez anos anteriores, o que mostra a imensa expansão econômica havida no auge do "milagre econômico". Mas a renda real dos 60% mais pobres cresceu somente 19,2%, ao passo que a dos 10% mais ricos cresceu 67,9%. Dentro desse grupo, a renda se concentrou ainda mais, pois a dos 5% mais ricos cresceu 73,4% e a do 1% mais rico, 93,3%. Em

1972, a renda média desse 1% mais rico era *68,2 vezes* maior que a dos 60% mais pobres. Esse parece ter sido o grau máximo de desigualdade atingido pela repartição da renda no Brasil.

Entre 1972 e 1976, a repartição da renda da população economicamente ativa mostra, pela primeira vez, alguma tendência à desconcentração: a parcela da renda total dos 10% mais ricos cai ligeiramente (de 52,6% para 50,1%), subindo a dos 60% mais pobres (de 16,8% para 18,3%) e a dos 30% médios (de 30,6% para 31,6%).

Entre 1972 e 1976, a renda real da população cresceu 27,6%, taxa ainda elevada, embora menor que a do biênio anterior. Nesse período, a renda real dos 60% mais pobres cresceu 40,7%, a dos 30% médios, 29,6% e a dos 10% mais ricos, somente 22,2%. Dentro do grupo dos 10% mais ricos, a renda também se desconcentrou ligeiramente: a renda dos 5% mais ricos cresceu apenas 21,5% e a do 1%, somente 16,3% nesse quatriênio. Como se vê, a tendência da repartição da renda, entre 1972 e 1976, foi exatamente oposta à registrada em 1970-72 e na década de 60. Enquanto até 1972 são os grupos de renda mais alta que usufruem de maior aumento de sua renda real, de 1972 a 1976 se dá o contrário; é a do grupo dos 60% mais pobres que cresce mais, e as taxas de incremento vão declinando à medida que se passa aos grupos de renda mais elevada.

Os fatores condicionantes da redistribuição *regressiva* da renda, até 1972, são bem claros e foram expostos acima. Mas que teria feito com que a redistribuição se tornasse *progressiva* desse ano em diante? Obviamente, não foi qualquer mudança na política salarial e trabalhista, a qual, como vimos, se manteve inalterada em suas linhas fundamentais até 1978-79. É verdade que a redução sistemática dos salários reais mediante reajustamentos inferiores ao aumento do custo de vida não foi continuada nos anos 70, a não ser em 1974, como resultado de uma subestimação mais ou menos deliberada da elevação dos preços no ano anterior. Mas esse arrocho parece ter sido compensado nos anos seguintes. O salário mínimo real (deflacionado pelo Índice de Custo de Vida do Rio de Janeiro) permaneceu quase constante entre 1970 e 1972, caiu 2,4% em 1974, mas subiu 11% (em relação a 1970) em 1976

(IBGE, *Anuário Estatístico do Brasil, 1984*, p. 941). Como a renda real média da população economicamente ativa cresceu 89,9% entre 1970 e 1976, um aumento de 11% no salário mínimo dificilmente poderia ter contribuído para que a renda passasse a se desconcentrar.

A explicação encontra-se, provavelmente, no paulatino esgotamento do exército industrial de reserva, na medida em que o intenso crescimento da economia ia elevando o nível de emprego. Uma indicação nesse sentido é que a taxa de participação na população economicamente ativa das pessoas com dez ou mais anos sobe de 44,9% em 1970 para 49,9% em 1976. Entre 1970 e 1976, foi particularmente grande o aumento do número de pessoas com ocupações administrativas (73,6%), científicas e técnicas (73,3%) e industriais, inclusive na construção civil (66,0%). Nessas condições, é possível que as empresas, no fim do período, tenham começado a disputar entre si a mão-de-obra menos qualificada, elevando mesmo espontaneamente – isto é, não premidas por reivindicações coletivas, na época rigorosamente proibidas – os salários mais baixos. A isso se deve acrescentar o aumento do número de horas trabalhadas, o que também contribuiu para elevar o montante de remuneração da grande massa de trabalhadores. Nas atividades não-agrícolas, a porcentagem de pessoas que trabalhavam 50 e mais horas por semana passou de 24,8% em 1970 para 29,1% em 1976. É interessante observar que esse aumento foi maior nos grupos de renda mais alta: de 24,4% para 28,5% no grupo com um a dois salários mínimos; de 24,1% a 31,4% no grupo de dois a cinco salários mínimos; de 25,6% a 32,7% no grupo de cinco a dez salários mínimos; e de 30,1% a 35,9% no grupo com mais de dez salários mínimos (IBGE, 1979). Fica claro que a ascensão de muitos trabalhadores a níveis mais elevados de renda se deu à custa de um aumento do número de horas extras, ou seja, mediante um prolongamento da jornada de trabalho.

Essa hipótese é, em certa medida, respaldada pelos dados disponíveis sobre a repartição da renda dos diversos grupos profissionais em 1970, 1972 e 1976. Convém assinalar, de passagem, que a PNAD de 1972 provavelmente subestimou a população economicamente ativa com renda, a qual teria caído de 26.684,2 mil pessoas em 1970 a 26.424,3 mil em 1972, para subir depois a 34.086,5 mil em 1976. Dado que o crescimento econômico foi maior entre 1970 e 1972 do que entre 1972 e 1976, o que se deve esperar é que a população economicamente ativa crescesse bastante no biênio inicial, e não que diminuísse. A subestimação da PNAD de 1972 concentrou-se principalmente em dois grupos ocupacionais: agropecuária e produção extrativa vegetal e animal, cujo contingente com renda teria caído de 10.090,7 mil em 1970 a 7.330, 9 mil em 1972, para subir a 9.225,1 mil em 1976; e prestação de serviços, cujo total de pessoas com renda teria caído de 2.225,3 mil em 1970 para 1.733,6 mil em 1972, para subir depois a 2.820,7 mil em 1976. Pode-se avaliar a subestimação da PNAD de 1972 em no mínimo 2 milhões de pessoas com ocupações agrícolas e 500 mil pessoas com ocupações em serviços. Os dois grupos ocupacionais em que ocorreu a provável subestimação destacam-se por conterem a maior proporção de pessoas com baixa renda, o que significa que o crescimento da desigualdade, assinalado pela PNAD de 1972, em comparação com o Censo de 1970, teria sido *ainda maior*, não fosse a referida falha do levantamento de 1972.

No grupo com ocupações *agrícolas*, a parcela com até meio salário mínimo caiu de 60,2% para 52,3% entre 1970 e 1972, mas declinou muito mais em 1976, quando foi de apenas 21,2%. A parcela com meio até um salário mínimo permaneceu a mesma em 1970 (31,7%) e em 1972 (31,1%), mas depois subiu para 41,3% em 1976. Vê-se que a renda da parcela com até um salário mínimo das pessoas com ocupações agrícolas cresceu muito mais entre 1972 e 1976 do que entre 1970 e 1972. Praticamente o mesmo ocorreu com as pessoas com ocupações em *serviços*, cuja parcela com até meio salário mínimo passou de 70,1% em 1970 para 60,1% em 1972 e para 46,5% em 1976, e cuja parcela com meio até um salário mínimo aumentou de 22,2% em 1970 para 24,3% em 1972 e para 32,1% em 1976. Também nesse grupo ocupacional, verifica-se um crescimento maior da renda da parcela com até um salário mínimo em 1972-76 do que em 1970-72.

Mais surpreendente ainda é o que se verifica entre as pessoas com ocupações *administrativas*, cujo contingente com renda até meio salário mínimo *aumentou*, em 1970-72, de 5,0% para 12,0%, caindo depois para 1,5% em 1976. Algo semelhante se verifica entre as pessoas com ocupações *industriais*, cuja parcela com até meio salário mínimo também *aumentou* entre 1970 e 1972, de 16,0% para 17,0% para cair em 1976 a 7,1%. Esses dados, assim como os analisados no parágrafo anterior, indicam que a renda real dos 60% mais pobres, que tinham quase todos menos de um salário mínimo de renda, cresceu muito menos em 1970-72 do que nos quatro anos seguintes. E isso se deu também em grupos ocupacionais em que predominam os assalariados, como as ocupações administrativas e industriais, o que vem a favor da hipótese de que a situação no mercado formal de trabalho foi, na medida em que se prolongava o crescimento da economia, se tornando mais favorável aos trabalhadores de pouca qualificação e baixa renda. Dessa maneira, a concentração da renda, cada vez mais acentuada até 1972, foi revertida nos anos seguintes – em proporções bem limitadas, é preciso que se diga desde logo.

Na realidade, a desigualdade na repartição, em 1976, ainda era bem maior que em 1970: a parcela da renda do total dos 60% mais pobres, entre 1970 e 1976, caiu de 20,9% para 18,6%, a dos 30% médios de 32,4% para 31,0%, ao passo que a dos 10% mais ricos subiu de 46,7% para 50,4%. Como se vê, a redução da desigualdade havida entre 1972 e 1976 não chegou a compensar o aumento da mesma ocorrido nos dois anos anteriores.

Para o período 1970-76, dispõe-se também de dados que permitem analisar a evolução da repartição da renda familiar. Sob esse aspecto, a repartição apresenta também desigualdade crescente. Entre 1970 e 1976, a parcela dos 60% de famílias mais pobres na renda total caiu de 19,3% para 18,1% e a dos 30% médios, de 34,9% para 33,6%, subindo a das 10% de famílias mais ricas de 32,2% para 35,1%. Dentro do extrato mais rico, a renda também se concentrou, pois a parcela na renda total dos 5% mais ricos se elevou de 32,2% para 35,1% e a do 1% mais rico, de 12,0% para 16,8%. A renda familiar média cresceu, em termos reais, 101,7% entre 1970 e 1976, havendo crescimento um pouco menor dos 60% mais pobres (89,2%) e dos 30% médios (94,4%), e crescimento acima da média dos 10% mais ricos (112,6%), dos 5% mais ricos (119,9%) e sobretudo do 1% mais rico (181,5%). Como seria de se esperar, o aumento da desigualdade na repartição da renda individual se traduziu num aumento análogo na repartição da renda familiar.

Como vimos, o período 1970-76 corresponde à época do excepcional crescimento econômico conhecido como "milagre econômico". Pelos dados, o poder aquisitivo médio das unidades familiares praticamente dobrou, permitindo evidente melhora do padrão de vida. Esse benefício repartiu-se de forma flagrantemente injusta, atingindo as famílias de alta renda de maneira mais intensa do que as de renda média, e estas mais do que as famílias de renda baixa. Fosse outra a repartição dos ganhos desse período excepcional e o Brasil poderia ter eliminado de uma vez a miséria absoluta de seu seio. Imaginemos, a título de exercício, que, mediante adequada política salarial e tributária, a expansão da renda real dos 5% mais ricos tivesse sido limitada a "apenas" 50%, enquanto a renda real média crescesse 101,7%. Suponhamos ainda que a renda real dos 5% imediatamente abaixo do 5% mais ricos, assim como a dos 30% médios, também crescesse 101,7%, fazendo com que a parcela da renda real não-apropriada pelos 5% mais ricos fosse beneficiar os 60% mais pobres. A parcela da renda total desses últimos passaria então de 19,3% em 1970 para 27,6% em 1976 e sua renda real cresceria 188,4%, ou seja, quase triplicaria. Convém notar que essa quase foi a taxa de crescimento efetivo do 1% de famílias mais ricas (181,5%). Uma redistribuição de renda desse tipo seria amplamente justificada pelo fato de que os 5% de famílias mais ricas já dispunham de renda bastante elevada em 1970, de modo que a limitação do seu crescimento a "apenas" 50% só os deixaria relativamente menos ricos e permitiria aos 60% de famílias de baixa renda tornar-se relativamente menos pobres.

Mas o que de fato aconteceu foi o contrário. A política posta em prática pelo regime militar durante o período do "milagre econômico" tornou as famílias mais ricas riquíssimas, permitindo-lhes ostentar um padrão de vida faustoso, em contraste com a pobreza de grande parte da população. Foi nessa época que se generalizaram os hábitos de passar as férias no exterior, construir verdadeiras cidades de veraneio no litoral e nas montanhas e utilizar bens de luxo, como carros esporte, lanchas de recreio, etc. Tudo isso, que antes tinha sido privilégio de uma minoria de milionários, tornou-se parte do padrão de vida da chamada "alta classe média", a principal beneficiária do "milagre econômico".

Esse consumismo, gozado por uma minoria, não seria, é claro, tão criticável se ao mesmo tempo quase metade da população não continuasse desprovida de meios de satisfação de suas necessidades básicas, como casa, escola, saneamento e até nutrição adequada. Esse contraste provocou em muitos a impressão de que a miséria absoluta até aumentou, no Brasil, durante a época do "milagre". Os dados, no entanto, desmentem essa impressão. A renda real dos 60% de famílias mais pobres inegavelmente aumentou entre 1970 e 1976, o que deve ter possibilitado o crescimento do seu consumo. Mas o patamar inicial de sua renda era tão baixo que mesmo uma expansão de 89,2% da mesma não bastou para assegurar a todos um padrão de vida "normal", sobretudo numa época em que tal padrão passou a incluir diversos bens duráveis de alto custo, como fogão a gás, geladeira e televisor. Além disso, grande parte das famílias mais pobres passou a residir em áreas metropolitanas, tendo que gastar uma proporção bem maior de sua renda em aluguel ou aquisição de moradia e em condução.

1976-80: os anos pós-"milagre"

Durante esse quatriênio, a tendência à redução da desigualdade na repartição da renda prosseguiu, tendo por resultado que o perfil da repartição no fim da década fosse bem semelhante ao seu início. Entre 1976 e 1980, a parcela da renda total da população economicamente ativa dos 60% mais pobres subiu de 18,6% a 19,6%, a dos 30% médios, de 31,0% a 32,7%, ao passo que a dos 10% mais ricos caiu de 50,4% a 47,7%. Dentro desse último extrato, a renda também continuou se desconcentrando: a parcela da renda total apropriada pelos 5% mais ricos caiu de 37,9% para 34,9% e a do 1% mais rico, de 17,4% para 14,9%.

Digno de nota é que, de acordo com os dados da PNAD de

1976 e do Censo Demográfico de 1980 (publicados no *Anuário Estatístico do Brasil de 1982*), a renda real média da população economicamente ativa teria *caído* 5,2% entre 1976 e 1980. Essa informação contradiz inteiramente o que se supunha tivesse ocorrido com a economia brasileira nesse período. De acordo com as *Contas Nacionais* (FGV, 1984), a segunda metade dos anos 70 apresentou, sem dúvida, taxas de crescimento menores que na primeira metade, mas *sempre positivas.* Assim, entre 1976 e 1980, em termos reais, o PIB *per capita* teria *aumentado* 14,8%, a renda disponível *per capita* do setor privado teria *aumentado* 19,3% e o consumo pessoal *per capita* teria *aumentado* 26,1%. Embora nenhum desses indicadores seja igual à renda média da população economicamente ativa, há uma grande correspondência entre eles, sobretudo entre a renda disponível *per capita* do setor privado e a renda da população economicamente ativa, ainda mais que a proporção economicamente ativa de toda a população – 36,8% – praticamente não variou entre 1976 e 1980.

Poder-se-ia imaginar que a divergência entre os resultados da repartição da renda e da contabilidade nacional fosse devida à diversidade de métodos de deflacionamento, pois, enquanto a primeira utiliza o IGP-DI (Índice Geral de Preços – Disponibilidade Interna), a segunda utiliza o Deflator Implícito. Entre 1976 e 1980, o IGP-DI aumentou de 100 para 609,8, ao passo que o Deflator Implícito subiu de 100 para 639,5. Mas essa diferença entre os índices de inflação na realidade *reduz* a divergência entre a variação da renda real da população economicamente ativa e os indicadores das Contas Nacionais. Assim, se por exemplo deflacionarmos o PIB *per capita*, não pelo Deflator Implícito, mas pelo IGP-DI, o seu crescimento entre 1976 e 1980 será ainda maior, ou seja, de 20,4% e não de 14,8%. Do mesmo modo, se deflacionarmos a renda real da população pelo Deflator Implícito (em vez de pelo IGP-DI), ele teria decrescido, entre 1976 e 1980, de 9,6% e não de 5,2%.

A renda real da população economicamente ativa é medida mediante levantamentos amostrais da população, que estão naturalmente sujeitos a flutuações amostrais e a erros nas informações colhidas. As Contas Nacionais são calculadas a partir de grande variedade de fontes, a maioria das quais também está sujeita aos mesmos tipos de erro. À primeira vista, parece-nos impossível decidir qual dos dois cálculos tem maior probabilidade de estar certo, ou, alternativamente, em qual deles o erro provável deve ser maior. Como, em relação à repartição da renda, que interessa aqui, os dados indicam uma queda na renda real da população economicamente ativa, trabalharemos com essa hipótese, assinalando, no entanto, que caberia ao IBGE, responsável pelo cálculo da repartição da renda, e à FGV, responsável pelo cálculo das Contas Nacionais, compatibilizar suas metodologias de modo a oferecer resultados mutuamente compatíveis ou, ao menos, explicitar as causas da diversidade de resultados, de modo a oferecer aos estudiosos a possibilidade de optar conscientemente por uma estimativa ou outra.

Voltando, portanto, à repartição da renda entre 1976 e 1980, verificamos que a tendência à redução da desigualdade também se manifesta na evolução da renda familiar. Nesse período, a parcela dos 60% de famílias mais pobres na renda total sobe de 18,1% para 19,2%, a dos 30% de famílias médias sobe de 33,6% para 35,6%, ao passo que a dos 10% de famílias mais ricas cai de 48,3% para 45,2%. Dentro desse último grupo, a desigualdade também se reduz, entre 1976 e 1980, pois a parcela na renda total dos 5% de famílias mais ricas cai de 35,1% para 31,2% e a do 1% de famílias mais ricas cai de 16,8% para 13,2%. Também quanto à repartição da renda familiar, pode-se afirmar que o aumento da desigualdade, registrado entre 1970 e 1976, foi revertido durante o resto da década, de modo que o perfil da repartição em 1980 mostra-se muito semelhante ao de 1970.

Examinemos agora a evolução da renda real da população economicamente ativa. Entre 1976 e 1980, a renda real dos 60% mais pobres teria aumentado 10,2%, ao passo que a dos demais extratos teria diminuído tanto mais quanto maior fosse seu nível de renda: 1,8% a dos 30% médios e 9,8% a dos 10% mais ricos; dentro desse último extrato, a renda real dos 5% mais ricos teria caído 12% e a do 1% mais rico, 17,6%. A evolução da renda familiar foi semelhante, só que ela caiu em todos extratos, pois a renda familiar média caiu mais (7,6%) do que a individual

(5,2%). A renda real dos 60% de famílias mais pobres teria caído 4,5%, a dos 30% de famílias médias, 3,7% e a dos 10% de famílias mais ricas, 15,0%; nesse último extrato, a renda real dos 5% de famílias mais ricas teria caído 19,3% e a do 1% de famílias mais ricas, 28,4%.

O período 1976-80 foi caracterizado por forte aceleração do aumento do custo de vida e por amplas lutas salariais, de 1978 em diante, que culminaram com a mudança da legislação salarial, como foi visto acima. A variação do custo de vida em São Paulo, por exemplo, passou de 35,5% em 1976 a 50,2% em 1979 e a 78,0% em 1980. No Rio de Janeiro, essa variação foi de 41,9%, 52,7% e 82,8%, respectivamente. E, em Belo Horizonte, de 60,8%, 64,1% e 104,7%, respectivamente. A queda da renda real faz crer que os reajustamentos dos salários não acompanharam as elevações cada vez maiores do custo de vida. E como tanto os acordos salariais, concluídos de 1978 em diante, como a legislação salarial, de 1979 em diante, determinaram reajustamentos menores para as faixas salariais mais elevadas, seria lógico que as perdas de renda real fossem tanto maiores quanto mais elevado se mostrasse o seu nível.

É preciso assinalar, no entanto, que essa hipótese explicativa da evolução da renda real nos diferentes extratos de renda *não* é compatível com os dados disponíveis sobre os reajustamentos salariais na indústria, no período 1976-80, que tenderam a ser *maiores* que a elevação do custo de vida, tanto para as faixas de salários baixos como para as de salários médios. Mas, em outros setores, há indícios de que os salários reais caíram. Comparando-se os censos econômicos de 1975 e 1980 e deflacionando-se os salários médios anuais pela média da variação do custo de vida em São Paulo, Rio de Janeiro, Porto Alegre, Recife, Brasília e Belo Horizonte, verifica-se que estes *aumentaram 8,5%* na indústria de transformação (passando de 138.858 para 150.728), mas *caíram 30%* nas atividades comerciais (passando de 93.269 para 65.254) e *19,6%* nos serviços (passando de 100.490 para 80.763, sempre em cruzeiros de 1980). Tomando o conjunto do pessoal ocupado na indústria de transformação, comércio e serviços – 7.848,7 mil pessoas em 1975 e 10.846,5 mil em 1980 –, o seu salário médio (em cruzeiros de 1980) passou de 116.985,6 em 1975 para 107.816,6 em 1980, registrando uma queda de 7,8% em termos reais.

Esta queda do salário médio real no setor urbano do mercado formal de trabalho tende a confirmar que a renda real média da população economicamente ativa deve ter caído entre 1976 e 1980. O fato de os censos econômicos cobrirem um período um pouco maior – 1975-80, em vez de 1976-80 – não tira força da corroboração. Se o salário real caiu entre 1975 e 1980, a queda certamente não se deu apenas no primeiro ano desse lustro, devendo ter prosseguido entre 1976 e 1980. Também deve ser assinalado que o pessoal ocupado, registrado pelos censos econômicos, é uma parcela minoritária da população economicamente ativa, possivelmente a parcela mais bem paga. A redução do seu ganho real é ao menos compatível com os dados da repartição da renda, que indicam queda maior da renda real dos extratos de renda mais alta. Convém notar ainda que, de acordo com o índice de custo de vida médio das seis metrópoles, aqui adotado, também o salário mínimo sofreu, entre 1975 e 1980, uma redução real de 14,3% e de 16,0% entre 1976 e 1980. Usando como deflator o IGP-DI, o salário mínimo perde, entre 1976 e 1980, 11,4% do seu poder de compra. Isso reforça a hipótese de que os reajustamentos salariais praticados entre 1976 e 1980 devem ter ficado bem abaixo do aumento do custo de vida.

Na realidade, os índices do custo de vida nas várias capitais diferem consideravelmente entre si. Entre 1975 e 1980, o custo de vida teria subido 604% em São Paulo, 680% no Rio, 687% em Porto Alegre, 810% em Brasília, 942% em Recife e 1.129% em Belo Horizonte. Obviamente, conforme o deflator utilizado, os resultados quanto à evolução da renda ou dos salários reais podem mudar completamente. Nos cálculos acima, usamos a *média simples* desses seis índices, que resulta numa elevação de 809%. Mas, se ponderarmos os índices pelas populações das capitais, em 1980, a média cai a 714%. Com o uso da *média ponderada,* o salário real do conjunto dos ocupados na indústria de transformação, comércio e serviços *sobe 3%* entre 1975 e 1980, em vez de cair 7,8% quando se aplica a média simples.

Pode-se supor que a média ponderada é mais representativa, por considerar o tamanho das populações sobre as quais incidem as diversas elevações do custo de vida. Mas tudo leva a crer que o custo de vida subiu mais nas cidades fora do eixo São Paulo-Rio, de modo que a média simples possivelmente representa melhor a elevação média, pois reflete o que deve ter ocorrido nas outras cidades, para as quais não há dados.

Concluímos, pois, que a política salarial aplicada em 1976-80, apesar das numerosas lutas dos assalariados, contribuiu para reduzir os salários reais, sobretudo os médios e altos, o que teria feito cair a renda real individual e familiar. Teria havido, pois, uma redução das desigualdades, mas num contexto de empobrecimento geral. Do ponto de vista do consumo e do nível de vida, o que é relevante é a renda familiar, que caiu em todos os grupos de renda, embora muito mais nos 10% de famílias ricas (15,0%) do que nos 60% de famílias mais pobres (4,5%).

1979-83: a crise econômica

Para o período mais recente, os dados disponíveis são provenientes das PNADs de 1979, 1981 e 1983, e se referem às pessoas que naqueles anos tiveram rendimentos, inclusive as economicamente inativas. Esses dados se referem, portanto, a um universo maior do que a população economicamente ativa, embora esta última constitua a maior parte do mesmo. Assim, em 1983, numa população de 92,9 milhões de pessoas com dez anos e mais, 51,8 milhões tiveram renda e, destas, 43,6 milhões eram economicamente ativas.

Entre 1979 e 1981, a repartição da renda tornou-se um pouco menos desigual, com aumento da participação na renda total dos 60% mais pobres (de 18,6% para 19,1%) e dos 30% médios (de 33,2% para 34,2%), e conseqüente redução da dos 10% mais ricos (de 48,2% para 46,7%). Dentro desse extrato, a participação dos 5% mais ricos também diminuiu (de 34,9% para 33,4%). Essa tendência à desconcentração da renda parece ser continuação daquela verificada entre 1976 e 1980, inclusive porque se dá num contexto de queda da renda real, de modo que a desconcentração resulta, não da elevação da renda dos mais pobres, mas da queda da renda dos mais ricos. Com efeito, entre 1979 e 1981, a renda média de toda a população teria caído 3,2%. Essa queda se deve *inteiramente* à redução da renda real dos 10% mais ricos (de 6,5%), pois a renda dos 60% mais pobres e dos 30% médios permaneceu praticamente constante.

Para o período 1980-81, há dados que permitem analisar a evolução da renda familiar. Também a repartição desta se tornou menos desigual: aumentou a parcela da renda total dos 60% de famílias mais pobres (de 19,2% para 20,9%) e dos 30% de famílias médias (de 35,6% para 36,5%), reduzindo-se a dos 10% de famílias mais ricas (de 45,2% para 42,6%); nesse último grupo, a parcela dos 5% de famílias mais ricas também caiu (de 31,2% para 28,8%). A desconcentração da renda familiar, em 1980-81, também dá seqüência à tendência do quadriênio anterior, resultando principalmente da queda maior da renda das famílias mais ricas. Entre 1980 e 1981, a renda média de todas as famílias teria caído 6,4%, verificando-se pequeno *aumento* da renda (1,7%) dos 60% de famílias mais pobres e *quedas crescentes* da renda dos 30% de famílias médias (5,0%), dos 10% de famílias mais ricas (12,7%) e, entre estas últimas, dos 5% de famílias mais ricas (14,4%) e do 1% de famílias mais ricas (18,0%).

Esses dados indicam que o primeiro ano de crise (1981) assistiu, quase que exclusivamente, à queda da renda da parte mais rica da população, enquanto pessoas e enquanto famílias. Uma explicação desse curioso impacto nivelador da crise seria que ela se circunscreveu, em seu período inicial, aos ramos industriais produtores de bens duráveis e de bens intermediários e de capital, que empregam os operários relativamente mais bem remunerados, como já foi visto no capítulo anterior. A crise atingiu também a construção civil, mas apenas de leve, em 1981; esse ramo foi fortemente abalado pela crise dois anos depois, em 1983* (o que foi confirmado pela análise comparativa dos dados da RAIS e da PNAD, feita na seção "O período final do regime militar (1980-85)", p. 48). Como a legislação salarial em vigor no período 1979-81 favorecia a preservação (se não o aumento) da renda real dos que ganhavam até três salários mínimos, o impacto da crise teria se dado sobretudo sobre os assalariados de ganhos elevados e sobre os pequenos e médios empresários.

Entre 1981 e 1983, a repartição da renda das *pessoas* tornou-se *mais desigual*, invertendo a tendência dos cinco anos anteriores. A parcela da renda total dos 60% mais pobres caiu (de 19,1% a 17,7%), aumentando quase nada a dos 30% médios (de 34,2% para 34,4%), mas um pouco mais a dos 10% mais ricos (de 46,7% a 47,9%) e, entre estes, também a dos 5% mais ricos (de 33,4% a 34,0%).

No período 1981-83, a crise agravou-se substancialmente, o que se traduziu em forte redução (20,4%) da renda média das pessoas. A desigualdade na repartição aumentou porque só a renda dos 60% mais pobres decresceu em proporção maior (26,2%), ao passo que a dos 30% médios diminuiu na mesma proporção da renda total (de 1/5) e a dos 10% mais ricos diminuiu apenas um pouco menos (18,3%).

A reversão da tendência de queda da desigualdade, em 1983, se explica por fatores já analisados acima: mudanças na legislação salarial, que proporcionaram a redução real dos salários mais baixos; e a crise na construção civil, ramo que emprega ampla massa de trabalhadores de baixos ganhos, dos quais grande parcela foi lançada no chamado mercado "informal", com níveis de remuneração muito rebaixados (ver capítulo III, "O período final do regime militar (1980-85)", p. 48). Além disso, em 1983, também o comércio foi mais afetado, o que igualmente reduziu a renda real de uma importante massa de trabalhadores que, em sua maioria, está entre os 60% mais pobres.

NOTA

* O produto real da construção civil caiu 4,3% em 1981, aumentou 0,2% em 1982 e diminuiu 15% em 1983 (FGV, 1984).

V. Conclusões

Durante os 21 anos de regime militar, o Brasil mudou muito. Houve um notável desenvolvimento das forças produtivas, o que condicionou profundas transformações na estrutura de classes no Brasil. Como se viu no capítulo II, tomando-se o período 1964-1985 como um todo, a estrutura social brasileira sofreu as seguintes transformações:

a. crescimento numérico e diversificação da *camada rica,* na qual se multiplicou a burguesia gerencial, em detrimento da burguesia empresarial e da pequena burguesia; surge nessa camada uma proporção pequena mas crescente do proletariado, o que embaralha as distinções sociais tradicionais, fazendo surgir o conceito ambíguo de "classe média", na qual se jogam operários bem-pagos, trabalhadores intelectuais, pequenos e médios empregadores, etc. Depois, como antes, as altas rendas continuam sendo predominantemente derivadas dos *lucros*, só que cada vez mais sob a forma de ordenados em vez de retiradas, dividendos, juros ou aluguéis;
b. tendência muito semelhante se verifica na *camada média,* em que a proporção de empregados e autônomos cresce em detrimento dos empregadores; só que, nessa camada, os assalariados são, em sua grande maioria, pertencentes ao proletariado e não à burguesia gerencial, como é o caso na camada rica. Temos aqui a comprovação estatística do que se denomina "proletarização da classe média", ou seja, a ascensão de uma parcela minoritária mas significativa do proletariado a níveis médios de renda;
c. finalmente, quanto à *camada pobre,* verifica-se a queda de

sua proporção na população economicamente ativa e sua crescente urbanização. O aumento da proporção de empregados em detrimento dos autônomos, entre os pobres, não implica uma transformação do caráter de classe dessa camada, mas é conseqüência da intensa urbanização havida no Brasil nesse período; no campo, os pobres soem ser "autônomos" (posseiros, parceiros), ao passo que, nas cidades, sobrevivem mais comumente como "empregados" (empregadas domésticas, peões da construção).

É claro que essas transformações decorrem *primeiro* do avanço das relações capitalistas de produção, isto é, de que uma parte cada vez maior da produção é realizada em empresas e não mais por produtores autônomos. É uma generalização razoável dizer que, no Brasil (como em muitos outros países), as atividade urbanas são predominantemente capitalistas, ao passo que na agricultura prevalece a produção simples de mercadorias, constituída por explorações familiares. É evidente que, no período em estudo, o desenvolvimento da economia consistiu na expansão das atividades urbanas em detrimento das agrícolas e extrativas, embora estas últimas não tenham deixado de crescer. O que é menos evidente é que essa forma de desenvolvimento ensejou a transformação da maioria dos trabalhadores de produtores autônomos (camponeses) em empregados.

Em *segundo* lugar, a mudança da estrutura social decorre do avanço do capitalismo monopolista – isto é, da produção concentrada em grandes empresas – durante o período do regime militar. O crescimento proporcional da grande empresa – multinacional, estatal e nacional privada – imprime sua marca característica à estrutura de classes do país. Essa marca consiste na expansão do número de administradores profissionais e técnicos, que constituem cada vez mais a fração predominante da burguesia brasileira; e na expansão de um proletariado relativamente bem-pago, constituído por empregados administrativos, pessoal de vendas, trabalhadores intelectuais, operários industriais especializados, etc., que passam a constituir a maioria da camada média e até um segmento da camada rica.

A mudança da estrutura social torna, portanto, *cada vez menos* coincidentes a estrutura de classe e a estrutura de repartição de renda. Se, no passado, dominação social e privilégio econômico podiam ser tranqüilamente tomados como idênticos, ou seja, como faces distintas de uma mesma identidade social, no capitalismo moderno, dominado pelo capital monopolista, essa identidade deixa de ser válida: uma parte, minoritária mas significativa, das classes dominadas goza de certo conforto material, confundindo-se, do ângulo do *consumo*, com o extrato correspondente da classe dominante. Mas, nos locais onde efetivamente se exerce poder de classe, isto é, nas empresas, essa confusão não existe e ninguém deixa de perceber que gerentes e secretárias ou membros da diretoria e membros do *staff* técnico *não* pertencem às mesmas classes, mesmo que possuam em casa bens duráveis da mesma espécie.

É possível, mediante análise combinada da estrutura de posições na ocupação, grupos ocupacionais e repartição da renda, deslindar a evolução da estrutura de classes no Brasil entre 1960 e 1980, ou seja, durante a maior parte do período do regime militar. A proporção representada pela *burguesia empresarial* na população economicamente ativa cresceu de 0,4% em 1960 a 0,7% em 1980, o que se deve ao aumento da mesma nas cidades (de 0,3% para 0,8%) e no campo (de 0,4% a 0,5%). O crescimento maior da burguesia empresarial nas cidades assinala o intenso aumento do número de pequenas e médias empresas urbanas, sobretudo durante o período do "milagre econômico", em que a proporção dessa fração da classe dominante, nas cidades, passou de 0,3% em 1970 a 1,1% em 1976. No período mais recente, o declínio da proporção representada pela burguesia empresarial na população economicamente ativa urbana (a 0,8% em 1980) deve resultar de um decréscimo do número de pequenas e médias empresas, possivelmente como conseqüência da centralização do capital, que sói caracterizar períodos de menor crescimento econômico.

A *burguesia gerencial* também cresceu como proporção da população economicamente ativa, passando de 1,6% em 1960 a 2,1% em 1980. Essa fração de classe praticamente inexiste no campo e apresenta proporção crescente nas cidades, até 1976 (quando atinge 3,9%), mas cai depois (a 3%) em 1980. O seu crescimento na população economicamente ativa total deve-se, pois, apenas à urbanização da burguesia, ou seja, ao fato de que a classe dominante passa a estar cada vez mais inserida em atividades não-agrícolas, nas quais predomina a burguesia gerencial.

O crescimento das duas frações que compõem a classe capitalista é causado pela expansão das relações capitalistas de produção, que ocasiona também o crescimento do proletariado. Mas esse crescimento é menor do que o do número de pessoas com renda elevada. Como um todo, a burguesia (gerencial *e* empresarial) passou de 2,0%, em 1960, a 2,8%, em 1980, da população economicamente ativa, na qual a proporção com rendimento de mais de dez salários mínimos aumentou de 0,6% para 4,7% no mesmo intervalo. Há que se considerar que o salário mínimo perdeu nesses 20 anos muito do seu valor relativo, mas, mesmo assim, é evidente que o extrato de alta renda se expandiu mais do que a classe dominante. O que significa que a concentração da renda, que resulta das políticas aplicadas durante o regime militar, alçou a posições privilegiadas, quanto à renda, uma pequena parcela da pequena burguesia e do proletariado, ocasionando nessas classes certa diferenciação no consumo.

A proporção da *pequena burguesia* na população economicamente ativa aumentou de 11,8% em 1960 para 17,0% em 1980. Essa classe cresceu sobretudo no campo, onde sua proporção passou de 11,8% a 27,4% entre 1960 e 1980. Esse grande aumento da participação da pequena burguesia nas atividades agrícolas se deve, em última análise, ao avanço da agricultura comercial, que condicionou o incremento do uso de insumos industrializados (mecânicos e químicos) na produção e a elevação da receita monetária de grande parte das explorações, sobretudo as de tamanho médio e grande. Esse processo de transformação da agricultura brasileira permitiu que quase 1/6 dos ocupados nessa atividade ascendessem do subproletariado à pequena burguesia. Os dados dos Censos Agropecuários não indicam que tenha havido, entre 1960 e 1980, mudanças significativas na estrutura de propriedade do solo ou da distribuição da produção pelas explorações de diferentes tamanhos. O que se verificou apenas foi a redução da proporção de pessoas ocupadas e da proporção da produção total nas explorações com até 10ha, e o seu aumento nas de mais de 10ha. O que significa que agricultores que possuíam áreas provavelmente acima de 10ha puderam obter de sua exploração recursos suficientes para lhes garantir independência econômica, o que não lhes era possível no início do período. O grande crescimento da pequena burguesia na agricultura (de 9,7% a 34,7%) deu-se na época do assim chamado "milagre econômico" (1970-76), quando o mercado interno de alimentos e matérias-primas teve notável expansão. No período mais recente, com o desenvolvimento da agricultura capitalista da cana, de cereais, de cítricos, etc., a parcela da pequena burguesia caiu um pouco e a do subproletariado aumentou.

Nas cidades, a proporção da pequena burguesia variou pouco, passando de 11,7% em 1960 a 12,5% em 1980. Esses dados mostram que, apesar do intenso desenvolvimento das relações capitalistas de produção em nosso quadro urbano, durante o regime militar, o número de produtores autônomos aumentou na mesma proporção, aproximadamente, que a população ocupada em atividades não-agrícolas como um todo. É que há não apenas competição, mas também complementaridade entre o capital (sobretudo o grande capital) e o produtor autônomo. Grandes empresas dão serviço a numerosos trabalhadores a domicílio, para economizar os encargos sociais que teriam de desembolsar se os empregassem como assalariados. Em determinados ramos (computação, aparelhos elétricos e eletrônicos, construção civil), a expansão dos capitais monopólicos suscita a multiplicação de microempresas, que prestam serviços àqueles capitais ou aos usuários de seus produtos.

O *proletariado propriamente dito,* formado pelos assalariados do setor formal da economia, foi a classe que mais se expandiu como proporção da população economicamente ativa, passando de 13,7% em 1980 para 31,7% em 1980. Essa expansão se deu tanto nas cidades (de 28,8% para 40,3%) como no campo (de 1,0% para 11,7%). Ela não requer explicação específica, pois todo o sentido do desenvolvimento brasileiro, nesse período, foi o de inserir parcelas crescentes da força de trabalho como proletários na divisão social do trabalho. Essa proletarização cada vez maior do trabalhador não se deu pela descida da burguesia ou da pequena burguesia ao proletariado – o que só deve ter se dado pela migração rural-urbana e em escala pequena –, mas pela subida do subproletariado ao proletariado propriamente dito. Essa tendência é particularmente notável no campo, em que a crescente penetração do capital alargou o emprego formal de maneira acentuada, ensejando a formação de um ainda modesto proletariado agrícola, que em 1960 era praticamente inexistente.

Finalmente, a proporção do *subproletariado* (formado pelos que trabalham no setor informal) diminuiu, caindo de 72,5% em 1960 para 48,5% em 1980. Essa queda foi maior no campo (de 86,7% para 60,3%) do que nas cidades (de 55,7% para 43,4%), o que se explica em parte pelo êxodo rural. Este tende a urbanizar parte do subproletariado rural, o que contribui para diminuí-lo na população agrícola. Ainda assim, após duas décadas de intenso desenvolvimento, é frustrante constatar que praticamente a metade da força de trabalho ainda se encontra no exército industrial de reserva, ou seja, ganha tão pouco que não consegue o suficiente para se manter acima da linha de pobreza absoluta.

Tentamos demonstrar acima que esse quadro não era inevitável. A economia do país se desenvolveu, apesar das oscilações conjunturais, de forma marcante, o que ensejou forte expansão da renda real. O fato inegável é que esse aumento da renda se repartiu da forma mais injusta, beneficiando sobretudo os que já tinham nível elevado de rendimento. Conseqüentemente, como se viu, a proporção de ricos aumentou muito mais que a das camadas de renda média, do que resultou que grande parte da população – mais de 2/5 no campo e quase 1/3 nas cidades – continua mergulhada em extrema pobreza.

A repartição da renda, no Brasil tanto quanto em qualquer outro país, é condicionada pela estrutura de relações de produção, que suporta o modo de produção prevalecente. Este, no Brasil, é há muito o capitalismo, que no regime militar se tornou predominantemente monopolista. Isso significa que o desenvolvimento da economia é liderado por grandes empresas – estatais, privadas, *joint ventures*, etc. –, as quais tendem a se apropriar da parte do leão dos acréscimos de renda. Em outros termos, o excedente econômico tende a assumir *inicialmente* a forma de lucro bruto das referidas empresas. O problema é o que acontece com ele *depois*. A repartição da renda pessoal – e, por conseqüência, da renda familiar – é indubitavelmente condicionada por esse fator estrutural, que começa por se fazer sentir no Brasil, assim como já atua há décadas em outros países capitalistas industrializados. Ora, é evidente, a partir da história desses outros países, que a ação de um movimento operário bem-articulado no plano econômico e político pode suscitar a redistribuição de parcela significativa do excedente em favor dos menos favorecidos, seja diretamente, mediante elevações do salário real em proporção ao aumento da produtividade do trabalho, seja indiretamente, mediante investimentos e gastos públicos em educação, saúde, transporte de massa, habitação popular, etc.

A experiência brasileira durante o regime militar confirma isso pelo lado negativo. A completa supressão do movimento operário, no plano tanto econômico como político, entre 1964 e 1978, fez com que o fator estrutural determinasse a repartição da renda até o fim. O extraordinário acréscimo de renda, ocorrido entre 1968 e 1976, foi apropriado pela burguesia gerencial, que redistribuiu partes dele a uma camada privilegiada do proletariado propriamente dito (provavelmente empregada pelo próprio capital monopolista) e a setores da burguesia empresarial e da pequena burguesia, cujas atividades são complementares às das grandes empresas. Foi notável, nesse sentido, a mudança na repartição da renda familiar no campo, entre 1970 e 1976, onde a proporção de famílias com cinco a dez salários mínimos de renda passou de 3,7% a 14,2%, e a com mais de dez salários mínimos, de 1,5% a 9,9%. Mas, nas cidades, a mudança foi também no mesmo sentido, pois, nesse período, as referidas proporções passaram respectivamente de 6,0% a 18,7% e de 2,5% a 13,9%. O acréscimo de renda também reduziu a proporção de famílias abaixo da linha de pobreza absoluta, mas serviu sobretudo para expandir as camadas de renda média e alta, agravando o grau de desigualdade da repartição. Se essa desigualdade diminuiu ligeiramente, entre 1972 e 1976, como indicam os dados, isso se deveu provavelmente à escassez de mão-de-obra em determinadas atividades – construção pesada, agricultura comercial –, o que deve ter levado ao aumento dos baixos salários nas áreas de acumulação mais intensa de capital. Seja como for, o período de 1968 a 1976 (sobre o qual se pode inferir, graças aos dados disponíveis para 1970-76) se caracterizou pelo extraordinário aumento da renda pessoal e familiar, que poderia ter permitido uma repartição menos desigual, mas, na realidade, levou a uma desigualdade ainda maior na repartição.

A situação parece ter mudado após 1976: o movimento operário ressurgiu com ímpeto, primeiro no plano econômico, logo mais no político; e a renda real, pessoal e familiar, passa a diminuir em vez de aumentar. Esse último aspecto contradiz a crença generalizada, baseada nos dados da Contabilidade Nacional, de que a renda teria crescido, em termos reais, entre 1976 e 1980, passando a diminuir apenas a partir de 1981. Não se dispõe de informações que permitam resolver essa contradição no momento e, se baseamos a análise dos períodos anteriores nos resultados dos Censos Demográficos e PNADs, não há por que supor que esses resultados deixem de ser válidos de 1976 em diante. Portanto, admitimos os referidos resultados, que apontam pequena redução da renda média pessoal (5,2%) e familiar (7,6%) entre 1976 e 1980. Entre 1981 e 1983, a crise se inicia para valer e a renda pessoal média cai 20,4% em termos reais.

Entre 1976 e 1980, a renda passa a se repartir menos desigualmente, apesar de estar em queda, o que só pode ser atribuído à pressão redistribuidora dos sindicatos e outras associações voluntárias ligadas à classe operária. A legislação salarial adotada em fins de 1979, que sanciona e generaliza a redistribuição da renda salarial em favor dos que ganham até três salários mínimos, deve ser creditada à ampla atividade reivindicatória e grevista dos dois anos anteriores. Aquilo que poderia ter sido feito com facilidade entre 1968 e 1976, quando a renda crescia impetuosamente e o *acréscimo* da mesma poderia ter sido destinado em sua maior parte aos mais pobres, acabou sendo feito em condições adversas, de 1976 em diante. Só que então o que se redistribuiu não foi um ganho, mas uma perda, e a vitória lograda pelo movimento operário, ao menos até 1981, foi a de evitar que a diminuição da renda real atingisse os 60% de famílias mais pobres tanto quanto os extratos mais ricos. Estes sofreram reduções acentuadas de renda real. Os 10% de famílias mais ricas perderam 15% da sua renda entre 1976 e 1980, enquanto os 60% mais pobres perderam somente 4,5%.

Seja como for, o ocorrido entre 1976 e 1980 comprova também no que concerne ao Brasil que a determinação estrutural da repartição da renda, devida à hegemonia do capital monopolista no processo de desenvolvimento, não tem que ser a única, podendo, por assim dizer, ser eventualmente "corrigida" pela atuação de forças sociais que lhe são contrárias. O que caracterizou o regime militar, durante a maior parte de sua vigência, foi precisamente a mais completa repressão dessas forças. Mesmo porque o golpe que instaurou o regime militar, em 1964, teve por finalidade principal eliminar do cenário econômico e político sindicatos, partidos, Ligas Camponesas e outras organizações voluntárias que, de algum modo, representavam os interesses dos trabalhadores da cidade e do campo e se opunham à consecução de políticas de "estabilização", consideradas indispensáveis pela classe dominante. Até 1978, o regime militar cumpriu, com zelo digno de causa melhor, o seu destino. Por sorte, ou melhor, por efeito de uma série de fatores internos e externos, na maior parte desse período a economia brasileira pôde crescer muito, o que fez com que a concentração da renda – conseqüência inevitável das políticas do regime – causasse um aumento da pobreza relativa e uma diminuição, limitada mas significativa, da pobreza absoluta.

Quando a renda deixou de crescer, o regime militar enveredou pelo caminho da "abertura política", que culminou com sua auto-abolição. A "abertura" resultou também do enfraquecimento da base social de apoio ao regime, o qual esteve ligado ao crescente insucesso do mesmo no *front* econômico. Mas seria dar provas de estreito economicismo atribuir a "abertura" apenas ou mesmo principalmente aos malogros econômicos. Pesaram nessa reviravolta de grande significado igualmente fatores políticos e ideológicos, como por exemplo a opção preferencial pelos pobres, assumida oficialmente pela Igreja Católica, a crescente oposição ao regime de certas categorias de trabalhadores intelectuais (jornalistas, advogados), mudanças na correlação de forças dentro do estabelecimento militar, etc. E, dessa maneira, nos últimos anos do regime militar a repressão ao movimento operário diminuiu o suficiente para que este pudesse influir sobre a repartição da renda, revertendo a tendência de sua concentração cada vez maior. É verdade que o aguçamento da crise, em 1982/83, permitiu ao regime militar um último arrocho salarial, voltando a concentrar a renda. Foi como se o regime militar quisesse marcar sua saída da cena histórica com as características de sua entrada. Com a inflação ultrapassando a marca dos 200% e o produto real em queda acelerada, o último governo militar tentou voltar às suas premissas originais, o que permitiu tornar claro seu obsoletismo em face da nova situação do país. A resistência da sociedade civil, inclusive de ponderáveis setores empresariais, às medidas de arrocho concentrou-se no Legislativo, onde pela primeira vez o Governo sofreu sucessivas derrotas. Esses eventos, ao longo de 1983, prepararam a dissolução da maioria parlamentar do Governo e conduziram, no ano seguinte, à queda final do regime militar.

A luta ao redor da repartição da renda esteve na origem e no fim do regime militar. Essa luta, sem dúvida, continuará no período histórico que agora se inicia, mas em condições bem diferentes. O regime militar instituiu extrema centralização dos reajustamentos salariais e acabou por unificar nacionalmente o salário mínimo. Além disso, ele legou à nova democracia em formação uma repartição da renda extremamente desigual. Desconcentrar a renda tornou-se, por isso, prioridade máxima, não só do ponto de vista da justiça social, mas também do político. É a tarefa histórica da democracia a ser instaurada no país. As forças que têm vocação para essa tarefa serão chamadas a desempenhar um papel crucial no futuro próximo. Convém que se preparem para ele, destrinchando a teia de fatores que determinam a repartição da renda e formulando um elenco de medidas eficazes para reduzir os intoleráveis graus de desigualdade de renda que hoje predominam no Brasil.

Fontes Citadas

Bacha, E.

1976 – *Os mitos de uma década. Ensaios de economia brasileira.* Rio de Janeiro, Paz e Terra.

DIEESE

1975 – *Dez anos de política salarial.* Estudos Sócio-Econômicos, São Paulo, agosto.

Fundação Getúlio Vargas

1984 – *Conjuntura Econômica*, v. 38, nº 6, junho.

IBGE

1979 – *Indicadores Sociais – Tabelas Selecionadas 1979.* Rio de Janeiro.

Langoni, Carlos Geraldo

1973 – *Distribuição da renda e desenvolvimento econômico do Brasil.* Rio de Janeiro, Expressão e Cultura.

Ministério do Trabalho

1985 – *Relação Anual de Informações Sociais RAIS 83.* Brasília.

Sobre o Autor

PAUL ISRAEL SINGER, nascido em 1932, é doutor em ciências pela Faculdade de Filosofia, Ciências e Letras da Universidade de São Paulo (1966), com curso de pós-graduação pela Universidade de Princeton, EUA (1966-67), e livre-docência pela USP (1969). Foi professor da Faculdade de Economia e Administração (graduação e pós-graduação) da USP de 1980 a 1982. Tem colaborado com artigos e monografias para publicações especializadas, nacionais e estrangeiras, e é autor dos seguintes livros (alguns deles também publicados no México, pela editora Siglo XXI): *Aprender economia* (Brasiliense, 1983); *Dominação e desigualdade: estrutura de classes e repartição de renda no Brasil* (Paz e Terra, 1981); *Economia política do trabalho* (Hucitec, 1977); *A crise do milagre* (Paz e Terra, 4ª ed., 1976); *Curso de introdução à economia política* (Forense Universitária, 4ª ed., 1975); *Economia política da urbanização* (Cebrap/Brasiliense, 1973); *Dinâmica populacional e desenvolvimento* (Hucitec, 2ª ed., 1976); *Desenvolvimento econômico e evolução urbana* (Nacional, 1969) e *Desenvolvimento e crise* (Difel, 1968).

Nesta mesma coleção...

BRASIL OS ANOS DE AUTORITARISMO
análise · balanço · perspectivas

OS DESPOSSUÍDOS

Crescimento e Pobreza no País do Milagre

Sérgio Henrique Abranches

Uma análise das transformações econômicas e sociais das duas décadas de autoritarismo, que levaram à complementação do ciclo de industrialização e ao esgotamento do modelo econômico que o marcou. Este padrão de crescimento, a despeito de permitir a acumulação de poderosa base técnica e material e provocar substanciais mudanças na ordem social, determinou a persistência de condições de pobreza absoluta e intolerável para parcela imensa de nossa sociedade, incompatível com a realização dos direitos de cidadania, no processo de democratização.

Os programas sociais do passado foram deformados pelo estatismo burocrático e pela distribuição de benefícios sociais como se fossem privilégios. A Nova República deve tornar sua prioridade social inequívoca e inegociável, revendo os princípios que têm regido as políticas macro-econômica e social, de modo a torná-las instrumentos verdadeiros de realização da cidadania plena, livre e democrática.